AKTIEN FÜR EIN PASSIVES EINKOMMEN

Originale Erstauflage

POD Taschenbuch	978-3-96583-119-3
Kindle eBook	978-3-96583-120-9
Taschenbuch	978-3-96583-121-6
Hardcover	978-3-96583-122-3

Druck/Auslieferung:
Amazon.com oder eine Tochtergesellschaft

Impressum:

Cherry Media GmbH
Bräugasse 9
94469 Deggendorf
Deutschland

mario.saletti@cherrymedia.de
info@cherrymedia.de

Finanz Fundament: Dividenden Aktien

Alles was sie wissen müssen, bevor sie
in ETFs investieren

CHF
KOMPAKT

Ein Buch Von: Mario Saletti

Inhaltsverzeichnis

Kostenfreies e-Book Inklusive

Beim Kauf jedes Taschenbuches von Cherry Media ist das e-Book, spannende Bonusinhalte sowie das Hörbuch kostenfrei für Sie inkludiert. Gehen Sie dazu einfach auf

https://link.cherrymedia.de/EPUB

oder scannen Sie den abgebildeten QR Code. Auf der Website können Sie dann Ihren einmalig gültigen Zugangscode eingeben.

Den Zugangscode zu Ihrem kostenfreie eBook, Hörbuch und zu den Bonusinhalten finden Sie auf der Seite: 147

Wir wünschen viel Freude mit Ihren kostenfreien Inhalten!

Haben Sie Fragen zu Ihrem Zugangscode? Wir sind gerne für Sie da.
Sie erreichen Sie uns unter info@cherrymedia.de

VORWORT

• • • • • • • • • • • •

DIESES BUCH SOLL PERSONEN, DIE damit beginnen möchten, mit dem Handel von Aktien und anderen Wertpapieren an der Börse Geld zu verdienen, dabei helfen, sich zu orientieren und allgemein die Grundlagen des Aktienhandels und Börsengeschehens erläutern. Mit den richtigen Käufen beziehungsweise Verkäufen von Wertpapieren an der Börse kann auf nachhaltige Weise Geld verdient werden. Im Rahmen dieses Buches soll natürlich nicht verheimlicht werden, dass der Handel mit Aktien und anderen Wertpapieren auch einige Risiken mit sich bringt, die unbedingt kalkuliert und abgeschätzt werden müssen. Zunächst soll grundsätzlich auf die Frage eingegangen werden, was Aktien überhaupt sind, dafür wird mit den erforderlichen Basics beziehungsweise Grundlagen begonnen. Ebenfalls soll auf die Vor- und Nachteile von Aktien eingegangen werden, die sich im Hinblick auf den Handel mit denselben ergeben. Im weiteren Verlauf werden dann wichtige Kennzahlen und Strategien vorgestellt, die Aktionäre kennen beziehungsweise erlernen müssen, um erfolgreich Aktien an der Börse zu handeln. Neben dem umfangreichen Teil, in dem der Leser in die Welt der Aktien und der (Wertpapier-) Börse eingeführt wird, werden auch andere Finanzprodukte vorgestellt. Neben der ausführlichen Behandlung von Anleihen und Exchange Traded Funds (ETFs) wird auch auf Zertifikate eingegangen. Nach der Lektüre dieses Buches sollte der Leser selbstständig in der Lage sein, Anlagestrategien anzuwenden und individuell für sich selbst vor dem Hintergrund seiner eigenen Risikobereitschaft entscheiden, ob das Geld in Aktien oder andere Finanzprodukte investiert werden soll.

DIE GRUNDLAGEN DES AKTIENHANDELS

INNERHALB DES ERSTEN KAPITELS WIRD der Leser mit den Grundlagen des Aktienhandels vertraut gemacht. Dafür werden die Aktienarten genauer betrachtet und auf die Vor- sowie Nachteile eingegangen. Anschließend wird näher auf den Marktplatz eingegangen, über den die Aktiengeschäfte abgewickelt werden und außerdem auf die Broker, dir eine Art Verbindungsglied zwischen Börse und Anleger bilden.

Was sind Aktien überhaupt?

Damit der Einstieg in die Welt des Aktienhandels gelingt, ist es zunächst unerlässlich wichtig, genau zu wissen, um was es sich überhaupt handelt. Ohne das dementsprechende Fachwissen, ist die Wahrscheinlichkeit, gewinnbringend mit Aktien zu handeln äußerst gering. Bei Aktien handelt es sich um Wertpapiere, die Anteile an einem Unternehmen repräsentieren beziehungsweise darstellen. Mit anderen Worten ist der Besitzer einer Aktie, sprich der Aktionär, von dem Unternehmen X zu einem gewissen Prozentsatz (Mit-) Eigentümer an demselben. Eine Aktie ist somit der Anteilsschein, der dem Aktionär eine schriftliche Garantie über die Anteilseignerschaft an dem Unternehmen bescheinigt. Somit profitieren Aktionäre von gut laufenden Geschäften des Unternehmens, indem diese an dem Gewinn beteiligt werden. Diese Gewinnbeteiligung (pro Aktie) wird Dividende genannt. Außerdem kann durch den Verkauf von Aktien Geld verdient werden, sollte der Kaufpreis unter dem Verkaufspreis liegen. Große Firmen oder Konzerne firmieren im Normalfall unter der Rechtsform der Aktiengesellschaft, abgekürzt AG. Diese unternehmerische Rechtsform bietet dem Unternehmen die Möglichkeit, Kapital über die Aktienmärkte einzusammeln. Entscheidet sich ein Unternehmen also dazu, an die Börse zu gehen, so werden Aktien ausgegeben. Diese sind, wie bereits erwähnt, als Anteile an dem jeweiligen Unternehmen zu verstehen, die jeder, der über ein Depot verfügt, käuflich erwerben kann. Aus diesem Grund können Aktien auch als Anteilsscheine bezeichnet werden. Im Vergleich zu der Vergabe von Krediten, besteht hier ein entscheidender, deutlicher Unterschied. Der Aktionär wird zum Miteigentümer des Unternehmens und ist eben nicht, wie bei Kreditgeschäften, der Gläubiger desselben. Die finanziellen Mittel, die in den Erwerb der Aktien investiert wurden, sprich der Kaufpreis derselben, stellt innerhalb des Unternehmens Eigenkapital dar (nicht etwa Fremdkapital, wie es bei Kreditgeschäften oder Schuldverschreibungen der Fall ist). Erwirbt ein Anleger mehrere Aktien, so steigt der Anteil, den dieser an dem entsprechenden Unternehmen innehat, an. Kommt es dazu, dass ein Anleger die Mehrheit der ausgegebenen Aktien kauft beziehungsweise Eigentümer derselben ist, sodass dieser über mehr als 50 % der Anteile verfügt, so kann auch die unternehmensinternen

Entscheidungen, beispielsweise im Rahmen der Hauptversammlung, blockieren. Allerdings wird eine Privatperson nur in den wenigsten Fällen in der Lage sein, derart viele Anteile zu erwerben. Dem Großteil der Anleger geht es sowieso vor allem darum, in den Aktien eine nachhaltige und gewinnbringende Geldanlage zu finden. Im folgenden Unterkapitel soll nun darauf eingegangen werden, welche Faktoren die Aktienkurse bewegt, sprich, diese in ihrem Wert steigen oder sinken lässt.

Die Geschichte der Aktien

Aktien haben eine lange Geschichte, die bis in das alte Rom zurückreicht. Der eigentliche Anfang wurde allerdings von den Gewürzhändlern der niederländischen Hauptstadt Amsterdam zum Ende des 16. Jahrhunderts gemacht. Die Gewürzhändler importierten Pfeffer in, für damaligen Zeiten, großem Stil. Aufgrund der hohen Aussichten auf Gewinne, stieg das Interesse vieler Unternehmen ebenfalls in den Handel einzusteigen. Aus den größten Händlern ging im Jahr 1602 schließlich die Vereinigte Ostindische Handels-Kompanie, kurz V.O.C., hervor. Erstmals in der Geschichte der Menschheit kam es dazu, dass andere Kaufleute und Firmen Anteile an den Geschäften mit dem Pfeffer erwerben konnte und über diese, die Aktien genannt wurden, an den Gewinnen beteiligt wurden. Die Anteile beziehungsweise Aktien waren handelbar, ohne dass die Vereinigte Ostindische Handels-Kompanie Kapital zurückzahlen und erneut aufnehmen musste. Diese beschränkte Haftbarkeit charakterisiert Aktiengesellschaften noch heute, weshalb die V.O.C. als erste Aktiengesellschaft mit modernen Zügen angesehen wird. Durch die wachsende Konkurrenz der East-India Company, die im Jahr 1613 zu einer Art Aktiengesellschaft wurde, fand die V.O.C. im Jahr 1799 ihr Ende. In Deutschland wiederum wurde die erste Aktiengesellschaft in 1682 von dem Kurfürsten Friedrich Wilhelm gegründet. Die Regelungen hinsichtlich der Gründung von Aktiengesellschaften, die bis dato stets von der Genehmigung des Königs abhängig war, wurde erst einige Zeit später, nämlich im Jahr 1843, in Preußen festgelegt. Das Aktienrecht sowie das Börsenwesen wurde in einem Gesetzbuch festgehalten. Sieben Jahre nach der Regelung gab es in Preußen bereits 130 Aktiengesellschaften, 27 Jahre danach waren es schon 425. Erwähnenswert ist außerdem, dass 1862 in Deutschland und Österreich gemeinsam das Aktienrecht für Aktiengesellschaften festgelegt und im Allgemeinen Deutschen Handelsgesetzbuch niedergeschrieben wurde. Acht Jahre später, im Jahr 1870, wurde das Konzessionssystem, welches bis dahin die Entstehung einer juristischen Person von einer staatlichen Erlaubnis abhängig machte, im Rahmen des neuen Aktiengesetzes des Norddeutschen Bundes abgeschafft. Mit anderer Worten konnten nun jegliche Unternehmen zu einer Aktiengesellschaft werden. Des Weiteren veränderte das Gesetz die Struktur von Aktiengesellschaften. Jede Aktiengesellschaft war nach der Verabschiedung des Gesetzes dazu verpflichtet, einen Aufsichtsrat einzurichten, der die Tätigkeiten der Gesellschaft überwacht. Auch wurde der Nennbetrag für Namensaktien auf mindestens 150 Mark und der von Inhaberaktien auf 300 Mark vorgeschrieben.

Diese neue Gesetzgebung bewirkte, dass das Aktienwesen beziehungsweise der Handel mit Aktien in Deutschland einen echten Boom erlebte. Zur Zeit des Ersten Weltkriegs jedoch wurden die deutschen Börsen geschlossen und der Handel wurde erst wieder im Jahr 1917 aufgenommen. 1929, zwölf Jahre später, folgte die bis dahin größte Krise des Handels mit Aktien. An der Wall-Street spekulierten viele Anleger in Anbetracht der hervorragenden wirtschaftlichen Lage der Vereinigten Staaten, um ihr Vermögen weiter zu vermehren. Der Grund für das Zustandekommen des ersten Börsen-Crash der Geschichte lag in der damals bestehenden Möglichkeit, Aktien für lediglich 10 % bis 20 % des eigentlichen Kaufpreises zu erwerben. Der Rest sollte dann nach der Ausschüttung des zu erwartenden Gewinns an die Börsenmakler gezahlt werden. Ende Oktober desselben Jahres fielen die Aktienkurse rapide, sodass viele Anleger versuchten, ihre Aktie wieder zu verkaufen. Es entwickelte sich eine Abwärtsspirale, die die Weltwirtschaft über Jahre hinweg negativ beeinflusste. Nach Ende des Zweiten Weltkriegs spielte der Handel mit Aktien, vor allem an der Frankfurter Börse, eine bedeutende Rolle hinsichtlich des Wiederaufbaus des durch den Krieg zerstörten Landes und wirkten maßgeblich am deutschen Wirtschaftswunder der 1950er und 1960er Jahre mit.

Heutzutage gibt es auf der Welt in etwa 35000 Unternehmen, die Anteile an denselben zum Verkauf anbieten. Hier handelt es sich um eine grobe Schätzung, denn jeden Tag kommen einige Aktiengesellschaften hinzu und gleichzeitig beenden andere ihre Aktivität an der Börse.

Die Einflussfaktoren auf den Aktienkurs

Viele Einflussfaktoren wirken auf den Kurs einer Aktie und können einen Anstieg oder auch Verfall desselben bewirken. Wichtig ist, zu erwähnen, dass nicht immer eine objektive Begründung für eine Kursveränderung vorliegt. Das liegt daran, dass der Aktienkurs unter anderem von dem Angebot und der Nachfrage abhängig ist. Diese wiederum werden von zahlreichen, nicht immer rationalen Faktoren beziehungsweise Gründen beeinflusst. Oft haben Nachrichten einen Einfluss auf den Aktienkurs. Wird also beispielsweise im Fernsehen berichtet, dass die Aktiengesellschaft X verantwortlich für einen Umweltskandal ist, so hat diese Nachricht einen negativen Einfluss auf den Aktienkurs. Der Grund dafür liegt darin, dass viele Anleger aufgrund dieser besorgniserregenden Nachricht verunsichert sind und die Anteile an dem Unternehmen schnellstmöglich wieder verkaufen möchten, bevor der Kurs (und somit der Wert der Aktien) weiter einbricht.

Es sind jedoch nicht nur solche Nachrichten, die Einfluss auf die Wertentwicklung von Aktien haben. Auch unternehmensinterne Nachrichten, wie zum Beispiel Kapitalmaßnahmen, wirken sich auf die Entwicklung des Kurses aus. In Deutschland muss grundsätzlich jede Aktiengesellschaft, die im Prime Standard der Deutschen Börse notiert ist, jeglichen Nachrichten, die für das Geschäft relevant sind, unverzüglich veröffentlichen, um die Aktionäre darüber zu informieren.

Ein weiterer Einflussfaktor auf die Kursentwicklung sind die Quartalsberichte der Aktiengesellschaft sowie die Bekanntgabe von Prognosen für die zukünftige Geschäftsentwicklung. Allerdings spielen hier auch oft die Meinungen beziehungsweise die Prognosen von unabhängigen Analysten eine entscheidende Rolle. Wird also beispielsweise von der Aktiengesellschaft eine Prognose herausgegeben, in der hohe Gewinne in Aussicht gestellt werden, die Analysten widersprechen jedoch dieser Prognose und bescheinigen dem Unternehmen stattdessen ein mittelmäßiges oder gar verlustreiches Geschäftsjahr, so hat dies negative Auswirkungen auf den Aktienkurs. Grundsätzlich nehmen Analysten eine wichtige Rolle ein und haben die Möglichkeit, den Aktienkurs durch Kauf- oder Verkaufsempfehlungen nach oben oder nach unten zu treiben. Festzuhalten ist hier, dass diesen Empfehlungen auf einer umfassenden Unternehmens-Analyse basieren, die von Analysten erstellt wird und selbstverständlich nicht unfehlbar ist. Für Aktionäre ist es dementsprechend von großer Bedeutung, zu wissen, ob ein Analyst beziehungsweise Analysehaus an einem steigenden oder sinkenden Kurs interessiert ist. Mit anderen Worten darf hier kein Interessenkonflikt bestehen. Dieser würde sich ergeben, wenn das Analysehaus, welches die wirtschaftliche Entwicklung der Aktiengesellschaft als positiv bewertet hat, selbst Miteigentümer derselben ist, sprich Aktien des Unternehmens besitzt.

Auch die Notenbanken partizipieren indirekt an der Aktienkursentwicklung durch die geldpolitischen Entscheidungen, die diese treffen. Ein niedriger Leitzins spielt hier eine Rolle, denn dieser regt Unternehmen dazu an, Investitionen zu tätigen und die geschäftliche Tätigkeit auszubauen. Ebenso ist ein niedriger Leitzins für Anleger verlockend. Das liegt daran, dass das Geld auf der Bank nur wenig Zinsen einbringt und deshalb von vielen an der Börse in Form von Aktien angelegt wird, mit der Aussicht höhere Gewinne zu erzielen. Umgekehrt verhält es sich bei einem hohen Leitzins. Neben diesen bereits genannten, möglichen Einflussfaktoren auf die Wertentwicklung von Aktien, ist an dieser Stelle auch zu erwähnen, dass politische Entscheidungen, wie beispielsweise strengere Umweltvorschriften, die die Rahmenbedingungen des unternehmerischen Umfelds beeinflussen, eine Veränderung hinsichtlich des Kurses nach oben oder nach unten bewirken.

In vielen Fällen sind von diesen Einflussfaktoren nicht nur einzelne Aktiengesellschaften betroffen, sondern ganze Marktsegmente oder sogar der Gesamtmarkt. Dem Leser sollte nun klar sein, dass sich der Markt, bedingt durch verschiedenste Einflüsse, nicht rational verhält und eine genaue Kursprognose von Aktien somit fast unmöglich ist.

Im folgenden Unterkapitel soll nun ein Blick auf die verschiedenen Arten von Aktien geworfen und aufgezeigt werden, worin sich diese unterscheiden.

Die Aktienarten im Überblick

Da es verschiedenste Arten beziehungsweise Klassifizierungen für Aktien gibt, werden diese hier nun vorgestellt. Unterschieden wird beispielsweise nach Übertragbarkeit der Anteile oder dem Stimmrecht im Rahmen von Hauptversammlungen.

Stamm- und Vorzugsaktien

Erwirbt ein Anleger Stammaktien, so beinhalten diese das Stimmrecht auf der Hauptversammlung der Aktionäre, in deren Rahmen Beschlüsse hinsichtlich unternehmensbezogener Vorgänge getroffen werden. In anderen Worten formuliert, bedeutet das, dass der Inhaber von Stammaktien direkt an dem Entscheidungsprozess innerhalb der Aktiengesellschaft beteiligt ist beziehungsweise sein kann. Pro Stammaktie, die im Besitz eines Aktionärs ist, erhält dieser eine Stimme. Daraus resultiert, dass die Anzahl dieser Aktien über die Macht von Aktionären hinsichtlich wichtiger, unternehmensrelevanter Entscheidungen mit dem Zukauf an Stammaktien entscheidet. Diese sind die häufigste Form von Wertpapieren, die an der Börse gehandelt werden. Im Vergleich zu den Stammaktien, bieten Vorzugsaktien keine Teilnahme an unternehmerischen Entscheidungen. Allerdings profitieren Aktionäre von höheren Dividenden, sprich werden mehr an den erwirtschafteten Gewinnen der Aktiengesellschaft beteiligt. Oft werden Vorzugsaktien im Rahmen von Kapitalerhöhungen ausgegeben, bei denen es nicht gewünscht ist, dass es zu einer Verschiebung beziehungsweise zu Schwankungen der Mehrheitsverhältnisse kommt. Anstatt davon zu profitieren, an Entscheidungen innerhalb des Unternehmens durch das Stimmrecht Gebrauch zu machen, wird den Aktionären, die Vorzugsaktien kaufen, das Anrecht auf eine höhere Beteiligung an den Dividenden gewährt. Da es dem Großteil der Aktionäre jedoch allein darum geht, ihr Geld durch eine Unternehmensbeteiligung in Form von Aktien zu vermehren, erwerben die meisten Vorzugs- anstatt Stammaktien. Zu erwähnen ist hier außerdem, dass Vorzugsaktien grundsätzlich lediglich in einer Höhe von maximal 50 % des Grundkapitals ausgegeben werden dürfen.

Inhaber- und Namensaktien

Des Weiteren existieren Inhaber- und Namensaktien. Diese werden im Hinblick auf die Möglichkeit der Übertragung unterschieden. Der Inhaber einer Namensaktie wird namentlich in das Register der Aktiengesellschaft eingetragen. Dafür werden persönliche Daten, wie der vollständige Name, das Geburtsdatum sowie auch die Adresse auf der Namensaktie vermerkt. Das Unternehmen weiß also genau, wer der Aktionär ist und wie viele Anteile dieser an der Aktiengesellschaft besitzt beziehungsweise hält. Deshalb fällt es der Aktiengesellschaft leicht, Aktionäre, die über Namensaktien verfügen zu kontaktieren, zum Beispiel, um diese zu der nächsten Hauptversammlung einzuladen. Für die Aktionäre haben die Namensaktien allerdings einen klaren Nachteil und zwar, wenn es um den Verkauf derselben geht. Wechselt eine Namensaktie also ihren Besitzer, so muss der neue Besitzer vollständig im Aktienregister eingetragen werden. Bei der Inhaberaktie verhält sich dies jedoch anders, denn eine Eintragung in das Aktienregister findet hier nicht statt, sodass der Aktionär anonym bleibt. Aufgrund der Anonymität der Investoren beziehungsweise Aktionäre, können diese nicht von der Aktiengesellschaft kontaktiert werden. Eine Ausnahme gibt es allerdings, denn Großaktionäre müssen ab einer bestimmten Prozentzahl die Anteile an der Aktiengesellschaft melden und verlieren dementsprechend die Anonymität. Da, wenn eine Inhaberaktie verkauft werden soll, keine Änderung im Aktienregister des Unternehmens vorgenommen werden muss, da diese dort, wie bereits angeführt, nicht vermerkt sind, so ist die Übertragung derselben deutlich einfacher, als die der Namensaktien.

Stück- und Nennwertaktien

Außerdem werden Aktien in Stück- und Nennwertaktien unterschieden. Diese zwei Aktienarten regeln die Anteilsform an dem Grundkapital von einer Aktie des Unternehmens, welche sich für eine der beiden, sprich entweder Stück- oder Nennwertaktien, zu entscheiden hat. Nicht möglich ist es, Nennwert- und Stückaktien auszugeben. Der Anteil am Grundkapital von Nennwertaktien wird über einen festgelegten Nennwert (auch Nominalwert genannt) geregelt. Die Mindesthöhe desselben hat einen Euro zu betragen. In anderen Worten formuliert, wird das Grundkapital auf die Nennwertaktien verteilt. Werden also 750.000 Euro Grundkapital auf 750.000 Aktien verteilt, so beträgt der Nennwert einer Aktie 1 Euro. Die Aktiengesellschaft kann das Grundkapital allerdings auch unterschiedlich aufteilen. Bei einem Grundkapital von 600.000 Euro können zum Beispiel 3.000 Aktien zum Nennwert von 100 Euro und weitere 2.000 Aktien zum Nennwert von 150 Euro ausgegeben werden. Nichtsdestotrotz nehmen Nennwertaktien heutzutage keine wichtige Rolle mehr ein. Stückaktien besitzen, anders als Nennwertaktien, keinen festen Nennbetrag. Deshalb ist der jeweilige Anteil aller ausgegebenen Aktien an dem Grundkapital gleich hoch beziehungsweise groß. Angegeben wird dieser Anteil meist in Prozent. Gibt es also 10.000 Aktien bei einem Grundkapital von 1.000.000 Euro, so beträgt der theoretische Nennwert einer Aktie 100 Euro (Rechnung: 1.000.000 Euro: 10.000 Aktien= 100 Euro/Aktie). Daraus ergibt sich ein Grundkapitalanteil von 0,01 % (Rechnung: 100 Euro/Aktie: 1.000.000 Euro Grundkapital = 0,01 % Grundkapital). Der Anteil einer Stückaktie mit dem theoretischen Nennwert von 100 Euro entspricht somit 0,01 % des Grundkapitals. Anders formuliert, besitzt der Inhaber einer Stückaktie 0,01 % der Aktiengesellschaft.

Junge und alte Aktien

Von jungen und alten Aktien wird lediglich im Rahmen einer Kapitalerhöhung der Aktiengesellschaft gesprochen. Im Zusammenhang mit einer Kapitalerhöhung gibt die AG weitere, zusätzliche Anteilsscheine aus. Diese werden als junge Aktien bezeichnet. Alte Aktien hingegen, sind diese, die sich bereits vor der Kapitalerhöhung im Besitz von (Alt-) Aktionären befanden. Der Unterschied zwischen den beiden besteht darin, dass die jungen Aktien nicht gleichberechtigt sind, was sich im Hinblick auf das Stimmrecht im Rahmen von Hauptversammlungen oder im Bezug auf die Beteiligung an Dividenden äußert. Altaktionäre profitieren außerdem davon, dass die Aktiengesellschaft die Möglichkeit hat, diese im Zusammenhang mit der Kapitalerhöhung zu bevorzugen. Es wird von dem Bezugsrecht gesprochen, welches Altaktionären die Option gibt, junge Aktien zu einem Vorzugspreis zu erwerben. Bezugsrechte können selber genutzt, aber auch an Dritte abgetreten beziehungsweise veräußert werden. Das Bezugsrecht erfüllt den Sinn und Zweck, es den Altaktionären zu ermöglichen, ihre Anteile an der Aktiengesellschaft zu halten, obwohl die Kapitalerhöhung durch die Ausgabe von jungen Aktien die Anteile verwässert. Mehr Informationen zu Kapitalerhöhungen, was mit diesen genau verfolgt wird und wie diese durchgeführt werden, erfährt der Leser in der im Anschluss aufgeführten Informationsbox. Im Hinblick auf junge und alte Aktion ist hier des Weiteren festzuhalten, dass junge Aktien im Laufe der Zeit irgendwann zu alten Aktien werden und dementsprechend dieselben Stimmrechte beziehungsweise die gleiche Gewinnbeteiligung erhalten.

Eine Kapitalerhöhung dient Aktiengesellschaften dazu, das Grundkapital zu erhöhen. Durch die Veräußerung von „neuen" beziehungsweise jungen Aktien fließen Aktiengesellschaften Kapital zu. Um eine Kapitalerhöhung durchzusetzen, wird vorausgesetzt, dass mindestens drei Viertel des dort vertretenden Kapitals dem Beschluss zustimmen. In anderen Worten formuliert, müssen die Aktionäre, die im Besitz von drei Vierteln der Aktien des jeweiligen Unternehmens sind, dem Beschluss zustimmen.

Wird eine Zustimmung erzielt, so ist es möglich, die Kapitalerhöhung durch die Emission, sprich die Ausgabe, von Aktien sofort durchzuführen. Allerdings kann dem Vorstand auch eine Frist von fünf Jahren eingeräumt werden, in der dieser die Kapitalerhöhung, die maximal 50 % des Grundkapitals betragen darf, zu vollziehen hat.

Grundsätzlich kann es für eine Kapitalerhöhung zwei Gründe beziehungsweise Auslöser geben. Plant das Unternehmen in der Zukunft große Investitionen oder Fusionen und das vorhandene Kapital reicht dafür nicht aus, so hilft eine Kapitalerhöhung dabei, zusätzliche finanzielle Mittel für die Umsetzung derselben zu erhalten. Dies wäre also ein Zeichen der Stärke. Nichtsdestotrotz kann eine Kapitalerhöhung auch ein Indiz dafür sein, dass das Unternehmen in einer ernsten Krise steckt und so schnell wie möglich Kapital benötigt, um Schulden zu tilgen oder die Fremdkapitalkosten zu senken.

Viele Anleger ärgern sich allerdings über die Maßnahme, da so ihre Anteile verwässert werden. Das liegt schlichtweg daran, dass der Gewinn der Aktiengesellschaft nun auf mehr Aktien verteilt wird, genauso wie auch die Dividende. Aktiengesellschaften haben jedoch die Möglichkeit, eine Verwässerung der Aktien von Altaktionären zu verhindern beziehungsweise diese davor zu schützen, indem diese denselben ein Bezugsrecht einräumen. Wie bereits weiter oben erwähnt, ermöglicht es das Bezugsrecht, (Alt-) Aktionären, ihre Eigentumsrechte an dem Unternehmen entsprechend seines Anteils beizubehalten. Problematisch und zum Ärger von vielen Aktionären nutzen immer mehr Unternehmen die Möglichkeit, das Bezugsrecht auszuschließen, sodass es wirklich zu einer Verwässerung der bis dato vorhandene Anteile kommt. Oft rechtfertigen die Aktiengesellschaften den Ausschluss des Bezugsrechts damit, um so schnell wie möglich im Rahmen einer bezugsrechtsfreien Kapitalerhöhung an das benötigte Kapital zu gelangen. Diese nimmt maximal zwei Wochen in Anspruch, während eine Kapitalerhöhung, bei der den Altaktionären Bezugsrechte gewährt werden, bis zu zwei Monate dauert.

Die Rechte von Aktionären

Erwirbt ein Anleger die Aktie eines Unternehmens, so wird dieser zu einem Aktionär. Dieser hat gemäß dem Aktiengesetz und der jeweiligen Satzung des Unternehmens, Rechte und Pflichten. Die Rechte unterteilen sich in Vermögens- und Verwaltungsrechte. Die ersten umfassen das Recht des Aktionärs in Form einer Dividende an dem Gewinn der Aktiengesellschaft beteiligt zu werden. Außerdem ist das Bezugsrecht ein Vermögensrecht und ermöglicht es Altaktionären junge Aktien, die im Rahmen einer Kapitalerhöhung ausgegeben werden, zu günstigeren Konditionen zu erwerben. Ein weiteres Recht besteht auf einen anteiligen Erlös aus der Liquidation des Unternehmens, wenn sich dieses auflösen sollte.

Die Verwaltungsrechte tragen dazu bei, dass die Aktionäre ihr Interesse (an dem unternehmerischen Erfolg, etc.) wahren können. Diese haben also das Recht auf eine Teilnahme sowie Stimmabgabe auf der jährlichen Hauptversammlung und allgemein auf Auskünfte und Informationen zu dem Unternehmen. Über die Ausübung des Stimmrechts haben Aktionäre (die Stammaktien besitzen!) die Möglichkeit auf direkte Weise über den zukünftigen Kurs des Unternehmens zu entscheiden. Zum Beispiel stimmen die Aktionäre über Übernahmen der Aktiengesellschaft ab. Außerdem hat jeder Aktionär das Recht im Rahmen der Hauptversammlung zu sprechen. Plant ein Aktionär eine Rede auf der Hauptversammlung zu halten, so muss diese im Voraus angemeldet werden. Allerdings ist hier festzuhalten, dass es auch auf die Art der Aktie ankommt, welche Rechte diese den Aktionären bietet. Besitzer von Vorzugsaktien, wie bereits erwähnt, haben kein Stimmrecht und sind somit von Entscheidungen innerhalb der Aktiengesellschaft ausgeschlossen.

Der zu erfüllenden finanziellen Pflicht des Aktionärs wird bereits zum Zeitpunkt des Kaufs eines Unternehmensanteils Genüge getan. Diese besteht darin, dass der Aktionär die Aktien, die dieser geordert hat, auch entsprechend bezahlt. Die Bezahlung erfolgt über eine Einlage auf das Grundkapital, welches der Aktie zugrunde liegt. Allerdings hat der Aktionär auch eine Treuepflicht gegenüber der Aktiengesellschaft, die diesen dazu verpflichtet, stets die Interessen des Unternehmens, welches ja schließlich zum Teil sein eigenes ist, zu wahren. Des Weiteren besteht, wie bereits angemerkt, die Möglichkeit, den Aktionären im Rahmen der Satzung weitere Pflichten aufzuerlegen. In vielen Fällen passiert es, dass Aktiengesellschaften ihren Aktionären eine sogenannte Haltefrist auferlegen. Diese zwing die Aktionäre bei einem Börsengang dazu, mit dem Verkauf der Aktien, sollte dies geplant sein, bis zu einem bestimmten, vorher definierten Datum zu warten. Der Grund für diese Regelung ist, dass so verhindert werden soll, dass es zu enormen Kurseinbrüchen der Aktie direkt nach dem Börsengang kommt.

Zu erwähnen ist hier, dass diese hier aufgeführten Pflichten im Normalfall lediglich für Großaktionäre beziehungsweise institutionelle Investoren eine Rolle spielen. Für Privatinvestoren sind diese normalerweise nicht wichtig.

Der Stellenwert eines guten Aktienkurses für Unternehmen

Wieso spielt es für Aktiengesellschaften eine wichtige Rolle, dass der Aktienkurs eine positive Entwicklung aufweist, obwohl das Kapital ja bereits im Rahmen des Börsengangs durch die Aktienkäufe der Aktionäre eingesammelt wurde?

Zunächst ist es wichtig, dass die Aktionäre mit den Aktien zufrieden sind. Dies ist vor allem vor dem Hintergrund des Stimmrechts der Inhaber von Stammaktien von Bedeutung. Wie bereits im vorangegangenen Unterkapitel beschrieben wurde, haben diese Aktionäre das Recht zur Mitbestimmung über die Abgabe ihrer Stimme bei Entscheidungen auf der Hauptversammlung der Aktiengesellschaft. Dieser Einfluss auf die Führung des Unternehmens kann auch genutzt werden, um bedeutende Entscheidungen des Managements zu blockieren. Außerdem haben die Aktionäre, natürlich stets in Abhängigkeit von der Anzahl der Stammaktien, Einfluss auf die Gehälter der Manager, die, wenn diese guten Leistungen erbringen, durch Zusatzzahlungen (Boni) über ihr Gehalt hinaus vergütet werden. Die Manager sind beziehungsweise sollten daran interessiert sein, den Wert des Unternehmens zu steigern, um die Aktionäre, die schließlich Mitinhaber der Aktiengesellschaft sind, zufriedenzustellen. Außerdem ist der Kurs der Aktie ein entscheidender Faktor für das gute oder auch schlechte Ansehen eines an der Börse geführten Unternehmens. Es ist also ebenso eine Frage der Reputation beziehungsweise des Ansehens, über die eine positive Entwicklung der Aktiengesellschaft an der Börse Auskunft gibt. Fällt der Aktienkurs kontinuierlich, so gibt dies Aufschluss darüber, dass der Aktienmarkt beziehungsweise die Anleger nicht das benötigte Vertrauen in das Geschäftsmodell des Unternehmens setzen. Ebenfalls im Hinblick auf eine Kapitalerhöhung, ist eine positive Wertentwicklung an der Börse wichtig. Umso mehr Anteile an dem Unternehmen verkauft werden, sprich umso höher die Notierung an der Börse ist, desto mehr Kapital kann das Unternehmen für jede junge Aktie, die im Rahmen der Kapitalerhöhung ausgegeben wird, einnehmen, da der Aktienkurs hoch und die (jungen) Aktien dementsprechend teuer sind. Darüber freuen sich auch die Altaktionäre, deren Anteile an der Gesellschaft (falls das Bezugsrecht ausgeschlossen wurde) weniger verwässert werden. Ein weiterer Vorteil eines guten Aktienkurses ist die Möglichkeit, sich vor Übernahmen durch die Konkurrenz zu schützen. Besonders, wenn das Unternehmen selbst nur wenige Aktien in ihrem Besitz hat, schützt ein hoher Kurs vor einer „feindlichen" Übernahme. Allerdings ist auch die Übernahme von anderen Unternehmen einfacher, wenn die eigenen Aktien hoch im Kurs stehen.

Nachdem nun die Aktienarten sowie die Rechte von Aktionären, etc. erläutert wurden, sollen kurz die Vor- und Nachteile von Aktien als Geldanlage betrachtet werden.

Die Vor- und Nachteile von Aktien als nachhaltige, langfristige Geldanlage

Viele Menschen suchen nach einer Möglichkeit, ihr Geld gewinnbringend und sicher anzulegen. Noch vor einigen Jahren bestand die Möglichkeit, das Ersparte auf einem Sparbuch anzulegen. Dort war und ist es auch immer noch sicher, jedoch sind die Zinsen in der aktuellen Zeit des Niedrig-Zins erschreckend gering. Außerdem können sich die Zuwächse des auf dem Sparbuch angelegten Geldes, die sowieso schon sehr gering ausfallen, in einem besonders unglücklichen Szenario, durch eine hohe Inflation in Verluste verwandeln. In anderen Worten formuliert, können Anleger, die ihr Geld auf einem Sparbuch parken, im besten Fall von Zinsen und der vermeintlichen Sicherheit dieser Form der Geldanlage profitieren.

Bei Aktien verhält sich dies anders, denn hier gibt es zwei zu nennende Punkte, die für den Erwerb von Unternehmensanteilen sprechen. Zunächst profitieren Aktionäre von der Entwicklung des Börsenkurses einer Aktie. Steigt derselbe durch eine hohe Nachfrage, so steigt als Konsequenz auch der Wert der einzelnen Aktie. Wird diese bei einem hohen Kurs verkauft, so wird der Gewinn aus der Differenz zwischen Kauf- und Verkaufspreis berechnet. Der zweite Punkt beziehungsweise Aspekt, von dem Aktionäre profitieren, ist die Ausschüttung von Dividenden in erfolgreichen Geschäftsjahren, die viele Aktiengesellschaften durchführen. Ein weiterer, positiver Aspekt im Hinblick auf Aktien als Geldanlage ist die Möglichkeit der Mitbestimmung hinsichtlich wichtiger Entscheidungen der Unternehmensführung, sollte sich für eine Stammaktie entschieden werden. Kleinaktionäre, sprich Investoren, die nur wenige Aktien besitzen, haben allerdings nur sehr geringen Einfluss auf den Ausgang von Abstimmungen von großen Aktiengesellschaften. Ebenso als klarer Vorteil von Aktien als Geldanlage zu nennen, ist, dass Aktionäre aus einem riesigen Angebot an Aktien verschiedenster Unternehmen, der unterschiedlichsten Branchen wählen können. Die meisten Aktien lassen sich schnell kaufen und ebenfalls wieder schnell verkaufen. Somit funktionieren diese deutlich flexibler als Festgeld.

Nachteilig an Aktien als Wertanlage ist, dass diese durch Kursverluste deutlich an Wert verlieren können, beispielsweise aufgrund schlechter Unternehmensnachrichten. Tritt das schlimmste Szenario einer Unternehmenspleite ein, so verlieren Anleger das gesamte Geld, welches zuvor in den Kauf der Wertpapiere investiert wurde. Außerdem bieten Aktien im Hinblick auf eine feste Rendite keine Kontinuität, wie es beispielsweise bei einem Tageskonto der Fall ist. Die zu erwartende Rendite richtet sich nach den Kursen und der Dividende, die ausgeschüttet wird. So ist es keine Seltenheit, dass ein Unternehmen, bedingt durch ein mittelmäßiges oder gar schlechtes Geschäftsjahr keine Dividende ausschüttet. Vor 2009 boten Aktien einen weiteren großen Vorteil, der jedoch seit der Einführung der Abgeltungssteuer, zumindest in Deutschland verloren gegangen ist. Diese steuerlichen Vorteile, die sich ergaben, wenn eine Aktie über ein ganzes Jahr gehalten, sprich nicht verkauft, wurde, gibt es nun nicht mehr. Heutzutage sind in Deutschland grundsätzlich alle Kursgewinne steuerpflichtig.

Bei Aktien handelt es sich um ein Finanzprodukt, welches stets langfristig betrachtet werden muss. Kurzzeitige Kursschwankungen beziehungsweise -verluste sollten Anleger nicht abschrecken. Es gilt abzuwarten, bis sich der Kurs wieder positiv entwickelt. Auch in Zeiten von fallenden Kursen durchzuhalten und nicht die Verkaufsoption zu nutzen, lohnt sich. Dieses wird von den Rendite-Auswertungen des Deutschen-Aktien-Instituts belegt, welches die Renditen der Dax-Investments innerhalb der letzten 60 Jahre analysiert und ausgewertet hat. Das Ergebnis dieser Auswertung zeigt, dass die Perioden, in denen hohe Renditen erzielt wurden, verlustreiche Perioden überwiegen. Wer durch den Handel mit Aktien einen Vermögenszuwachs erzielen möchte, dem sollte bewusst sein, dass es dafür unerlässlich ist, stets auf dem neuesten Stand im Hinblick auf die wirtschaftliche Entwicklung von Unternehmen zu sein, um zukünftige Trends frühzeitig zu erkennen und dementsprechend mit einem Kauf oder Verkauf von Aktien zu beginnen. Dafür sind beispielsweise die regelmäßige Lektüre von Quartalsberichten der Aktiengesellschaften aber auch ein Blick auf sich ändernde politische und rechtliche Rahmenbedingungen erforderlich.

DIE BÖRSE ALS MARKTPLATZ FÜR DEN HANDEL VON WERTPAPIEREN

IM RAHMEN DES ZWEITEN KAPITELS dieses Buches soll nun auf die Börse eingegangen werden. Diese ist, kurz formuliert und auf den Punkt gebracht, der Marktplatz, auf dem Aktien, andere Wertpapiere und Rohstoffe gehandelt werden. Hier, im Verlauf dieses Buches, soll lediglich die Wertpapier-Börse betrachtet werden.

Allgemeine Informationen über die (Wertpapier-) Börse

Wie auf anderen Marktplätzen (Wochenmarkt, Flohmarkt, etc.), so treffen sich auch hier Käufer und Verkäufer, um anstatt Waren und/oder Dienstleistungen Aktien und andere Wertpapiere zu handeln. Allerdings werden Börsen im Gegensatz zu anderen Marktplätzen von einer Börsenaufsicht geregelt. Ein weiterer, entscheidender Unterschied besteht darin, dass sich die Preise beziehungsweise der Kurs von Aktien im Sekundentakt ändert.

Für diese ständigen Preisveränderungen sind das Angebot sowie die Nachfrage verantwortlich. Das optimale Verhältnis zwischen Angebot und Nachfrage, sprich der Börsenkurs einer Aktie, wird von Computern berechnet. Im Hinblick auf das Angebot ist der Begriff Briefkurs wichtig. Dieser gibt den Preis beziehungsweise Kurs an, zu dem die Verkäufer bereit sind, ein Wertpapier zu verkaufen. Der Geldkurs ist der Kurs, zu dem die Käufer bereit sind, ein Wertpapier zu kaufen. Im weiteren Verlauf des Buches wird genauer auf das optimale Verhältnis und die Berechnung des Börsenkurses einer Aktie eingegangen.

Der Handel mit Aktien und anderen Wertpapieren an der Börse wird also reguliert. Deshalb wird von einem geregelten Marktumfeld gesprochen. Die Aufgabe einer Wertpapier-Börse besteht darin, eine Transparenz bei der Bildung von Preisen herzustellen und die Abläufe des Handels effizienter zu gestalten. Die wohl wichtigste Funktion einer Börse ist die Zusammenführung von Anlegern und Unternehmen, um auf diese Weise durch den Verkauf von Unternehmensanteilen an die Aktionäre Kapital für Investitionen und für die Verwirklichung von neuen Geschäftsideen zu gewinnen.

Weitere Finanzprodukte an der Börse

Neben dem Handel von Aktien, ist die Börse auch Marktplatz für den Handel mit Anleihen, Zertifikaten, Optionsscheinen, sogenannten ETFs und Investmentfonds. Diese sollen hier in diesem Unterkapitel nun ebenfalls vorgestellt werden, bevor anschließend im Detail auf die Entstehung des Aktienkurses eingegangen wird.

Anleihen

Bei Anleihen handelt es sich um Schuldverschreibungen, die entweder von Unternehmen, aber auch von Staaten ausgegeben werden, mit dem Ziel der mittel- bis langfristigen Kapitalbeschaffung. Erwirbt ein Käufer eine solche Anleihe, die auch als Pfandbrief bezeichnet werden kann, so entsteht daraus ein Schuldverhältnis. Das bedeutet, dass der Käufer der Schuldverschreibung zu dem Gläubiger des Verkäufers wird. Der letzte ist dementsprechend der Schuldner des ersten. Aus diesem Schuldverhältnis entsteht ein Anspruch des Gläubigers auf die volle Rückzahlung des Kaufpreises der Anleihe plus eine vorher festgelegte Verzinsung. Die Rechte werden in einer Urkunde verbrieft. Diese setzt sich aus dem Mantel, der die Forderungen des Gläubigers verbrieft und einem Bogen zusammen, der aus Kupons besteht. Die Kupons werden dazu genutzt, um Ertragsansprüche geltend zu machen. Die Schuldverschreibung umschließt, neben dem Recht auf Rückzahlung zum Nennwert und Verzinsung in Kupon-Höhe, ebenso das Recht auf eine vorrangige Rückzahlung, falls es zu einem Konkurs kommt. Der große Unterschied zu den Aktien ist, dass Anleger, die Anleihen eines Unternehmens (oder Staates) erwerben, keinerlei Stimm- oder Teilhaberechte haben. Der Anleger ist dementsprechend kein Mitinhaber des Anleihen ausgebenden Unternehmens. Außerdem unterscheiden sich die Anleihen insofern von Aktien, dass diese den Anlegern alle sechs oder zwölf Monate Zinsen zahlen. Aus diesem Grund werden die Schuldverschreibungen oft auch als fest verzinsliche Wertpapiere oder Renten bezeichnet. Des Weiteren werden diese Wertpapiere nicht in Währungen gehandelt, sonder stets in Prozent. Doch was versprechen sich Unternehmen oder Staaten, die Anleihen ausgeben? Zunächst ist diese Form der Kapitalbeschaffung meist günstiger, als die Aufnahme eines Bankkredits und es müssen keine zusätzlichen Sicherheiten geboten hwerden. Im fünften Kapitel wird genauer auf Anleihen eingegangen.

Zertifikate

Ein weiteres Finanzprodukt, welches an der Börse gehandelt wird, sind Zertifikate. Diese stellen eine Art Mischung aus Aktien, Anleihen und Optionsscheinen dar. Die Ähnlichkeit zu anderen Wertpapieren hängt davon ab, um welches Zertifikat es sich handelt, denn diese können sehr unterschiedlich sein. Es handelt sich um derivate Wertpapiere, die es Anlegern ermöglichen, von Basiswerten und deren Entwicklung zu profitieren. Bei Basiswerten handelt es sich beispielsweise um Aktien, Währungen oder auch Aktien-Indizes, mit denen auf verschiedene Kursentwicklungen gewettet werden kann. Da es, wie bereits angemerkt, eine ganze Reihe an unterschiedlichen Zertifikaten mit ebenso verschiedenen Basiswerten gibt, weichen Rendite beziehungsweise Risiko der einzelnen Zertifikate stets voneinander ab. Zum Beispiel gibt es Zertifikate mit Hebel, die den Anlegern bei steigenden Kursen hohe Gewinne in Aussicht stellen, für den Fall von Kursverlusten allerdings auch große Risiken aufweisen. Außerdem existieren Discount-Zertifikate, die den Anlegern mehr Sicherheit bieten, indem der Basiswert unter dem aktuellen Wert gekauft wird. So sichert das Zertifikat den Anleger vor Kursverlusten ab, mindert jedoch auch die Höhe des möglichen Gewinns. Auch die Zertifikate werden im fünften Kapitel detaillierter betrachtet.

Im Rahmen dieser Informationsbox sollen dem Leser die Begrifflichkeiten „Small Caps", „Mid Caps" und „Large- Caps" beziehungsweise „Blue Chips" erläutert werden. Der Vollständigkeit halber soll auch erklärt werden, was es mit den Pennystocks auf sich hat. Zuerst soll auf die letzten eingegangen werden. In Deutschland werden die Aktien von Blue-Chip-Unternehmen (Large-Caps) ausschließlich am Deutschen Aktien Index (DAX) gehandelt. Der Begriff stammt aus den Vereinigten Staaten, wird jedoch heutzutage auch in Deutschland genutzt, um besonders wertvolle Aktiengesellschaften beziehungsweise solche mit einem besonders hohen Börsenwert zu beschreiben. Die Aktiengesellschaften, die als Blue Chips bezeichnet werden, zeichnen sich dadurch aus, dass diese hohen Erträge erwirtschaften und ihre unternehmerische Tätigkeit weltweit ausüben. Anlegern wird mit Blue-Chip-Aktien eine vergleichsweise risikoarme Anlageform ermöglicht, weshalb diese allgemein zu den sicheren Aktien gezählt werden. Nichtsdestotroz kann es selbstverständlich auch bei den Blue Chips zu Kursschwankungen und Verlusten kommen. Beispiele für Blue Chips, die im DAX gelistet werden, sind EON, BASF, Daimler und Volkswagen. US-amerikanische Blue Chips sind unter vielen weiteren, McDonalds und Coca-Cola.

Mid Caps gehören zu den sogenannten Nebenwerten. Das sind Unternehmen, die nicht im deutschen Leitindex, also im DAX, aufgeführt werden. Der Börsenwert beziehungsweise die Marktkapitalisierung dieser Aktien ist mittel. Allerdings ist es auch möglich, dass diese Aktien durch eine andauernde positive Entwicklung zu Blue Chips werden.

Small Caps hingegen, die in Deutschland im SDAX geführt werden, sind Unternehmen, die eine geringe Marktkapitalisierung oder einen geringen Börsenumsatz aufweisen. Small Caps werden ebenfalls zu den Nebenwerten gezählt.Allerdings ist zu erwähnen, dass es keine allgemein anerkannte Definition gibt.

Pennystocks sind Aktien, die weniger als einen Euro beziehungsweise weniger als eine (komplette) Währungseinheit wert sind. Bereits der Name verrät diese Eigenschaft, denn „Penny" kommt aus dem Englischen und steht für „Pfennig" und „stocks" lässt sich als „Aktien" ins Deutsche übersetzen. In den Vereinigten Staaten ist es allerdings so, dass der Begriff weiter gefasst wird und alle Aktien als Pennystocks bezeichnet werden, deren Wert unter fünf US-Dollar liegt. In der Regel fallen die Pennystocks auch unter die Nebenwerte. In vielen Fällen handelt es sich bei diesen „Pfennigaktien" um solche, die von Unternehmen ausgegeben wurde, die kurz vor der Insolvenz stehen oder sogar bereits insolvent sind. Es handelt sich also um hoch spekulative, risikobehaftete Aktien.

Optionsscheine

Wird mit Optionsscheinen gehandelt, so müssen sich Anleger bewusst sein, dass hohe Verluste aber auch hohe Gewinne möglich sind. Die Herausgabe eines Optionsscheins ist stets an die der entsprechenden Anleihe gekoppelt. Die Optionsscheine ermöglichen es Anlegern beispielsweise Aktien zu einem vorher definierten Preis über eine ebenso festgelegte Zeitperiode zu erwerben. Wird also ein Optionsschein erworben, der das Recht beinhaltet eine Aktie zu einem bestimmten Preis zu erwerben und der

Kurs derselben steigt, so bedeutet dies einen Gewinn für den Anleger. Dieser bezahlt für den Optionsschein, um ein kurzes Beispiel aufzuführen, 30 Euro und erhält das Recht die Aktie, die aktuell einen Kurs von 100 Euro verzeichnet, innerhalb des vereinbarten Zeitraumes für 90 Euro zu erwerben. Insgesamt zahlt der Anleger also 30 Euro (Kauf des Optionsscheins) und 90 Euro (Kauf der Aktie zum festgelegten Preis [Bezugspreis]), sprich insgesamt 120 Euro. Würde der Kurs der Aktie, die zum Zeitpunkt des Kaufs des Optionsscheins, 100 Euro wert war, nun steigen, beispielsweise auf 150 Euro, so zahlt der Inhaber des Optionsscheins diese für lediglich 120 Euro (Preis des Optionsscheins plus vereinbarten Kaufpreis für die Aktie). Dementsprechend kann die Aktie dann gewinnbringend zu dem aktuellen Kurs von 150 Euro veräußert werden. Pro Aktie, die über den Optionsschein erworben wird, wären dies also 30 Euro Gewinn. Vor allem für Einsteiger in den Börsenhandel ist es dringend zu empfehlen, nicht mit dem Handel von Optionsscheinen zu beginnen. Verläuft die Wertentwicklung der Aktie nicht so, wie erhofft, so kann es zu einem vollständigen Verlust des Geldes kommen. Aus diesem Grund werden Optionsscheine in diesem Buch nicht näher unter die Lupe genommen.

Investmentfonds

Besonders für Neulinge an der Börse können Investmentfonds sehr interessant sein und eine echte Alternative zu dem Kauf einzelner Aktien darstellen. Bei diesen Fonds handelt es sich quasi um einen Korb, der mit dem Geld zahlreicher Anleger gefüllt wird. Mit diesem Geld werden dann Investitionen in unterschiedliche Vermögenswerte, wie zum Beispiel Aktien, durchgeführt. Darum kümmert sich der Fondsmanager, der aktiv nach gewinnbringenden und (abhängig von den Anlagerichtlinien) zugleich nach sicheren Formen der Geldanlage sucht. Deshalb wird auch von aktiv gemanagten Fonds gesprochen. Zu viel Risiko dürfen die Manager dabei jedoch nicht eingehen und sind dazu verpflichtet, sich an die gesetzlichen Vorschriften zu halten sowie die Anlagerichtlinien des Fonds zu berücksichtigen. Das Prinzip der Investmentfonds beruht auf einer breiten Streuung des Risikos durch viele verschiedene Anlagen.

Es existieren offene und geschlossene Fonds. Die ersten sind solche, die von Kapitalgesellschaften angeboten werden, deren Fondsmanager sich dann der Verwaltung und Investition des gesammelten Geldes annehmen. Das Geld gehört zu dem Sondervermögen der Gesellschaft und fließt nicht mit in die Insolvenzmasse ein und ist somit vor einer Unternehmenspleite geschützt. Anders als bei dem direkten Kauf von Aktien, ist es bei Investmentfonds so, dass die Anleger weder Mitinhaber beziehungsweise Anteilseigner der Kapitalgesellschaft noch der Unternehmen, deren Aktien sich in dem Fond befinden, werden. Ebenso wenig entsteht ein Schuldverhältnis zwischen Anlegern und Kapitalgesellschaft. Die Anleger erhalten einen Anteil an dem Sondervermögen, welches durch den Fond dargestellt und von der Gesellschaft treuhänderisch verwaltet wird. Dafür müssen die Anleger Gebühren und / oder Provisionen an dieselbe zahlen. Im Gegenzug haben die Anleger jedoch das Recht, ihren Anteil an dem Sondervermögen an der Börse zu veräußern oder diese direkt an die Gesellschaft zurückzugeben. Anleger profitieren auch von den Gewinnen, die aus dieser Geldanlage erwirtschaftet werden, wie beispielsweise Zinsen oder Dividenden. Es kommt hier ganz darauf an, welche Finanzprodukte von dem Fondsmanager gekauft werden.

Geschlossene Fonds hingegen erfüllen den Zweck der (Teil-) Finanzierung von Großprojekten, wie zum Beispiel Windparks und Schiffen. Da es sich hier rechtlich betrachtet um Beteiligungsgesellschaften handelt, werden die Anleger dementsprechend zu Anteilseignern. Anders als bei offenen Fonds, bei denen meist die Möglichkeit besteht, auch im Nachhinein, also während der gesamten Existenz des Fonds Anteile an demselben zu erwerben, kann an geschlossenen Fonds nur im Vorhinein partizipiert werden. Bei den geschlossenen Fonds ist ein Erwerb von Anteilen nur während der Verkaufsfrist möglich. Ebenso gestaltet sich der Verkauf von Anteilen während der Projektlaufzeit schwierig, meist unmöglich.

Normale Investmentfonds finden im weiteren Verlauf des Buches keine Beachtung mehr, lediglich in einem Vergleich mit den Exchange Traded Funds.

ETFs

Zunächst steht die Abkürzung ETF für Exchange Traded Funds. Diese gehören ebenfalls zu den Investmentfonds, sollen hier jedoch getrennt von einander betrachtet werden. ETFs werden direkt über die Börse gehandelt und umfassen zahlreiche Aktien von Unternehmen der verschiedensten Branchen. Auch hier wird also breit gestreut, um das Risiko gering zu halten. Es gibt sowohl aktiv als auch passiv gemanagte Exchange Traded Funds. Die aktiv betreuten ETFs werden direkt von der Bank gemanaged, während passive ETFs zuvor festgelegte Unternehmen oder einen Index nachbilden. Die passiven sind deutlich günstiger hinsichtlich der Gebühren und auch die zu zahlenden Provisionen fallen viel geringer aus. Im Vergleich zu anderen, aktiv gemanagten Fonds, sind passive ETFs bis zu vier Fünftel günstiger. Das wirkt sich natürlich positiv auf die Rendite aus, die nicht so stark durch hohe Gebühren und Provisionen gemindert wird. Dieses Finanzprodukt kann, genau wie Aktien, fortlaufend an der Börse gehandelt werden. Im fünften Kapitel werden die passiven Exchange Traded Funds genauer betrachtet und die Renditemöglichkeiten mit denen eines normalen Investmentfonds gegenübergestellt.

Der Kurs einer Aktie

Der Aktienkurs ist der aktuelle Wert einer Aktie. Wie bereits im vorangegangenen Unterkapitel erwähnt wurde, wird der Kurs einer Aktie von Computern ermitteln, die das optimale Verhältnis zwischen Angebot (Briefkurs) und Nachfrage (Geldkurs) berechnen. Dafür greifen die Computer auf Informationen aus dem Orderbuch zurück, in dem alle Kauf- sowie Verkaufsaufträge dokumentiert und gesammelt werden. Wenn Aktionäre eine Aktie kaufen möchten, so haben diese stets die Möglichkeit, innerhalb der Kauforder einen Höchstpreis anzugeben, den diese bereit sind, für die Aktie zu zahlen. Für Verkäufer gilt dasselbe, diese geben innerhalb der Verkaufsorder einen Mindestpreis an. Der Computer greift nun auf alle Kauf- und Verkaufsorders zu und ermittelt den Aktienkurs, der dazu führt, dass der größtmögliche Umsatz erzielt wird. Mit anderen Worten wird der Börsenkurs so aus Angebot und Nachfrage berechnet, dass möglichst viele Verkäufer bereit sind, Aktien zu einem für die Käufer akzeptablen Preis zu veräußern. Dies soll nun Anhand eines Beispiels näher erläutert werden.

Beispiel für die Entstehung des Börsenkurses einer Aktie

Das folgende Beispiel soll die Entstehung des Börsenkurses einer Aktie verdeutlichen. Es ist festzuhalten, dass in der Realität deutlich mehr Käufer und Verkäufer zu finden sind, zur Veranschaulichung soll hier jedoch nur von wenigen Käufern und Verkäufern ausgegangen werden.
Die Aktie X wird an der Börse gehandelt. Es gibt Interessenten an einem Kauf derselben als auch Aktionäre, die ihre Anteile an dem Unternehmen wiederverkaufen möchten.

Die Käuferseite

Insgesamt sind zehn Personen bereit, einen Preis von 99,50 Euro für eine Aktie des Unternehmens zu bezahlen, sprich einen akzeptablen Höchstpreis von 99,50 Euro angegeben haben. Wiederum 20 Personen sind mit dem Aktienpreis von bis zu 100 Euro einverstanden. Weitere 20 Personen haben den Höchstpreis, den diese bereit sind, für eine Aktie zu zahlen, auf 101 Euro festgelegt.

Die Verkäuferseite

Auf der Verkäuferseite gibt es zehn Personen, die damit einverstanden sind, ihre Anteile an dem Unternehmen für 98 Euro zu veräußern. 30 Verkäufer sind mit einem Preis von 99,50 Euro zufrieden und zehn möchten mindestens 100,50 Euro pro Aktie erhalten.

Der Börsenkurs und das optimale Verhältnis aus Angebot und Nachfrage

Der Makler beziehungsweise die Computer, die auf das Orderbuch, in dem Kauf- und Verkaufsordern aufgeführt werden, zugreifen, berechnen nun das optimale Verhältnis aus Angebot und Nachfrage. Dieses ist gegeben, wenn möglichst viele Käufer bereit sind, Aktien zu dem von möglichst vielen Verkäufern akzeptierten Mindestpreis zu erwerben. Mit anderen Worten besteht das optimale Verhältnis, wenn die größtmögliche Anzahl an Käufern die Aktien von der größtmöglichen Anzahl an Verkäufern erwirbt.

Anzahl der Käufer	Akzeptierter Maximal- (Kauf-) Preis (Geldkurs)	Anzahl der Verkäufer	Akzeptierter Minimal- (Verkaufs-) Preis (Briefkurs)
10	99,50 Euro	10	98,50 Euro
20	100,00 Euro	30	99,50 Euro
30	101,00 Euro	10	100,50 Euro

Wird der Kurs also, um ein Beispiel zu geben, mit 101 Euro zu hoch angesetzt, so finden sich zwar viele Verkäufer, nämlich alle 50 hier aufgeführten, die bereit sind, ihre Unternehmensanteile für diesen hohen Preis zu veräußern. Allerdings sind nur wenige Käufer, lediglich 20, dazu bereit, diesen Preis für die Aktien zu zahlen. Das optimale Verhältnis ist hier also nicht gegeben.

Eine ähnliche Situation entsteht, wenn der Kurs zu niedrig angesetzt wird. Beispielsweise werden 98,50 Euro als Preis angesetzt. Ist dies der Fall, so finden sich 50 Personen auf der Käuferseite, die bereit sind, die Aktie zu diesem Preis zu erwerben. Auf der Verkaufsseite jedoch sind nur zehn Anbieter dazu bereit, die Aktie für den Preis von 98,50 Euro zu veräußern. Die Nachfrage an Aktien zu diesem Preis könnte also nicht befriedigt werden, sodass das optimale Verhältnis nicht gegeben ist.

In diesem Beispiel ist das optimale Verhältnis zwischen Angebot und Nachfrage erfüllt, wenn der Aktienpreis auf 100 Euro festgelegt wird. Dem liegt zugrunde, dass bei einem Preis von 100 Euro für die Unternehmensanteile, 40 Käufer diesen akzeptieren und wiederum 40 Verkäufer willig sind, ihre Aktien zu diesem Preis zu veräußern. Das optimale Verhältnis ist also erfüllt und der Börsenkurs der Aktie aus dem Beispiel beträgt 100 Euro. Allerdings wiederholt sich dieser Vorgang, sprich die Suche nach dem optimalen Verhältnis aus Angebot und Nachfrage, in der Praxis im Minuten- oder gar im Sekundentakt, weshalb es an der Börse zu schwankenden Aktienkursen kommt. Das liegt daran, dass Aktionäre weltweit ihr Kauf- beziehungsweise Verkaufsangebot abgeben können.

Im Zusammenhang mit dem Wertpapierhandel an der Börse wird oft von Indizes gesprochen. Was diese genau sind, erfährt der Leser im folgenden Unterkapitel.

Die Deutsche Börse AG

Die Deutsche Börse ist eine Aktiengesellschaft und hat ihren Sitz in Frankfurt am Main. Das Unternehmen bietet mehr als 3.000 Indizes an, auf die weiter unten genauer eingegangen wird. Der bekannteste ist der Deutsche Aktien Index (DAX). Auch von großer Bedeutung sind der MDAX und der TecDax.

Die Börsensegmente der Deutschen Börse AG – Regulierter Markt und Freiverkehr

Die Deutsche Börse AG hat die Börse in verschiedene Segmente unterteilt. Insgesamt existieren zwei Börsensegmente, die wiederum einem von drei Transparenzlevels zugeordnet werden. Unternehmen, die sich über die Emission von Aktien an der Börse Kapital beschaffen möchten, haben die Möglichkeit, zwischen dem regulierten Markt und dem Open Market (Freiverkehr) zu wählen. Für die Aufnahme in eines dieser Segmente müssen daran interessierte Unternehmen einige Zulassungsvoraussetzungen erfüllen. Wesentlicher Unterschied zwischen dem regulierten Markt und dem Freiverkehr ist die Regulierung derselben. Die Aktien, die im regulären Markt gehandelt werden, unterstehen öffentlich-rechtlichen Regelungen, während die Aktien, die im Open Market gekauft und verkauft werden, über das Privatrecht geregelt werden.

Der regulierte Markt

Der regulierte Markt an der Deutschen Börse wird in zwei Transparenzlevels unterteilt: General und Prime Standard. Das letzte, sprich der Prime Standard, ist für die großen Aktiengesellschaften vorgesehen, die auch internationale Investoren von dem Erwerb von Unternehmensanteilen, sprich Aktien, überzeugen möchten. Hier gilt es, die hohen Anforderungen zu erfüllen. Diese umfassen die Erstellung eines Abschlusses nach internationalen Standards der Rechnungslegung, die quartalsweise Veröffentlichung von Geschäftsberichten und zwar auch in englischer Sprache, die Erstellung eines regelmäßig aktualisierten Unternehmenskalenders sowie die Veröffentlichung von Ad-Hoc Meldungen auch in Englisch und die Organisation und Durchführung von (mindestens) einer, jährlichen Analystenkonferenz. An der Deutschen Börse können nur die Unternehmen in den DAX, MDAX, Tec- oder SDAX aufgenommen werden, die den Ansprüchen des Prime Standard gerecht werden. Mehr zu den Indizes der Deutschen Börse erfährt der Leser im Unterkapitel 2.4.

Der General Standard wiederum ist für kleinere sowie mittelgroße Unternehmen interessant, die vor allem inländische Investoren ansprechen möchten. Grundsätzlich ist der Börsengang günstiger als bei dem Prime Standard, allerdings müssen auch hier gewisse (gesetzliche) Mindestanforderungen erfüllt werden. Dazu zählen neben der Anwendung von internationalen Rechnungslegungsstandards auch die Veröffentlichung von Ad-Hoc Meldungen und die eines Zwischenberichts.

Der Open Market (Freiverkehr)

Das Börsensegment Open Market beziehungsweise Freiverkehr umfasst die Aktiengesellschaften, die den Voraussetzungen für die Zulassung auf den regulierten Markt nicht gerecht werden. Ein bedeutender Unterschied zu dem regulierten Markt besteht darin, dass die Unternehmen, die sich auf dem Open Market bewegen, nicht den besonders strengen gesetzlichen Vorschriften und Anforderungen genügen müssen, sondern dem Privatrecht unterstehen. Der Open Market wird wiederum in Teilsegmente hinsichtlich der Transparenz gegliedert: Quotation Boad und Scale. Das Quotation Board bezieht alle Aktiengesellschaften mit ein, deren Wertpapiere bereits an einer anderen anerkannten Wertpapierbörse beziehungsweise an einem börsenmäßigen Handelsplatz zugelassen worden. Dementsprechend handelt es sich hier in der Regel um ausländische Aktien. Im Open Market der Deutschen Börse AG befinden sich also nicht nur deutsche, sondern auch Unternehmen aus dem Ausland. Das Teilsegment Scale wiederum versteht sich als Segment für kleine und mittelständische Unternehmen und soll es diesen erleichtern, auf effiziente Weise durch die Emission von Aktien Eigenkapital zu erhalten. Im Gegensatz zu dem Segment Entry Standard, welches vor einigen Jahren durch Scale ersetzt wurde, ist das letztere im Hinblick auf die zu erfüllenden Standards, strenger. Direkt mit dem regulierten Markt verglichen, haben Aktionäre, die Wertpapiere besitzen, die im Freiverkehr gehandelt werden, keinen Anspruch auf die Ausführung von Börsenaufträgen. Soll also beispielsweise eine solche Aktie verkauft werden, so kann die Bank dieses ablehnen. Aus diesem Grund sollten, wenn überhaupt, die Aktien aus dem Open Market gekauft werden, die über eine ausreichend hohe Marktkapitalisierung verfügen. Anfängern ist generell von im Open Market gehandelten Aktien abzuraten

Darstellung der Börsensegmente an der Deutschen Börse

Börsensegment	Transparenzlevel
Regulierter Markt	Prime Standard
	General Standard
Open Market	Scale
	Quotation Board

Die Kontrolle an der Deutschen Börse

Um dem Transparenz- sowie Fairness-Anspruch der Deutschen Börse gerecht zu werden und um sicherzustellen, dass die Börsenregeln eingehalten werden, wurde die Handelsüberwachungsstelle (HÜSt) ins Leben gerufen. Hier handelt es sich also um eine Art Polizei, die das Geschehen an der Börse beobachtet. Beispielsweise überprüft beziehungsweise überwacht die Handelsüberwachungsstelle die Preisfeststellungen von Aktien und kümmert sich darum, dass abgesprochene Geschäfte aufgedeckt und die Geschäftsführung der Börse darüber in Kenntnis gesetzt wird, die dann die Verantwortlichen bestraft. Je nach Vergehen kann ein Ordnungsgeld in Höhe von bis zu 50.000 Euro erhoben werden oder der Entzug der Börsenzulassung.

Auch die deutsche Bundesanstalt für Finanzdienstleistungen (BaFin) spielt eine Rolle bei der Abwicklung von Geschäften mit Wertpapieren an der Börse. Unter anderem überwacht die BaFin, ob Aktiengesellschaften ihrer Publizitätspflicht nachkommen.

Die Aktienkurse und Aktienindizes der Deutschen Börse, zu denen der DAX sowie der MDAX und weitere zählen, auf die nachfolgend genauer eingegangen wird, werden über das elektronische Handelssystem XETRA ermittelt. Dazu erfasst das vollautomatische System von XETRA alle eingehenden Kauf- und Verkaufsorders, stellt diese einander gegenüber und berechnet daraus dann den Kurs einer Aktie. Heutzutage werden in der Bundesrepublik nahezu alle deutschen Wertpapiere (über 90 % des gesamten Aktienhandels aller deutschen Börsen) über das XETRA System gehandelt, welches im Jahr 1997 von der Deutschen Börse AG eingeführt wurde und den Vorgänger-System IBIS ersetzte. XETRA stellt die Aktienpreise nach transparenten Regeln fest. Allerdings sollten Anleger, die ein Wertpapier über diese elektronische Börse kaufen oder verkaufen möchten, darauf achten, dies zu den täglichen Handelszeiten zu tun. Der fortlaufende Handel auf XETRA beginnt jeden Tag von Montags bis Freitags um 9.00 Uhr und endet um 17.30 Uhr der MEZ (mitteleuropäische Zeit). Grundsätzlich können bei XETRA die Orders rund um die Uhr aufgegeben werden, die Ausführung derselben erfolgt dann jedoch erst am nächsten Handelstag.

Ein weiteres Instrument, welches von der Börse genutzt wird, um Anleger zu schützen, ist die sogenannte Handelsaussetzung. Wenn durch ein bestimmtes Vorkommnis zu erwarten ist, dass überaus starke Reaktionen eines Aktienkurses auslöst, so kann die Börse eine Handelsaussetzung verhängen. Dieser gibt den Anlegern mehr Zeit, um sich für einen Kauf oder Verkauf zu entscheiden, denn alle noch nicht durchgeführten, jedoch bereits im Orderbuch eingetragenen Kauf- und Verkaufsaufträge werden gestrichen.

Der Aktienindex

Wenn es um die Börse und Aktien geht, so fällt oft der Begriff Aktienindex. Ein solcher Index dient Aktionären als eine Orientierungshilfe, über die die Tendenzen des Marktes beziehungsweise über die Tendenzen an der Börse erkannt werden können. Doch zunächst soll erläutert werden, was dieser Index überhaupt ist und wie sich derselbe zusammensetzt. Grundsätzlich wird die Wert-Steigerung eines Index in Punkten angegeben, doch dazu später mehr. Der Aktienindex berechnet sich aus den Aktienkursen aller Unternehmen beziehungsweise Aktiengesellschaften, die an der jeweiligen Börse notiert sind. Es kommt also darauf an, um welche Börse es sich handelt, sprich welcher Börsenindex berechnet werden soll. Hier soll der Deutsche Aktienindex, kurz DAX, betrachtet werden.

Die wichtigsten deutschen Indizes

Der Deutsche Aktien Index (DAX)

Der Deutsche Aktien Index (DAX) zählt zu den weltweit wichtigsten Indizes und wird deshalb als der deutsche Leitindex bezeichnet. An diesem lässt sich durch bloßes Ablesen erkennen, wie es den Unternehmen, die innerhalb des Index aufgeführt werden, geht. Nicht jede deutsche Aktiengesellschaft hat die Möglichkeit, sich am Deutschen Aktien Index notieren zu lassen. Nur die 30 größten und wichtigsten Aktiengesellschaften werden im DAX gelistet.

Diese sogenannten Blue Chips oder auch Standardwerte (siehe Informationsbox weiter unten) werden regelmäßig völlig automatisch von Computern ermittelt und, sollten die Kriterien nicht mehr erfüllt sein, so kommt es zu einem Ausschluss aus dem Index. Die sogenannte „Gesichtskontrolle", im Rahmen derselben die im DAX notierten Unternehmen hinsichtlich ihrer Wichtigkeit überprüft werden, findet viermal im Jahr, im März, Juni, September und Dezember, statt, allerdings erfolgt eine ordentliche Mischung des Index nur einmal jährlich, außerordentliche Mischungen können jedoch auch mehrmals im Jahr vorgenommen werden. An diesen vier Tagen im Jahr werden die Aktiengesellschaften nach ihrem Umsatz an der Börse sowie deren Marktkapitalisierung sortiert. Die Unternehmen, die hier unten in der Liste aufgeführt werden, könnten zum nächstmöglichen Termin, bei dem Deutschen Aktien Index ist es stets der dritte September, von demselben ausgeschlossen werden. Wiederum andere Unternehmen, die sich aufgrund ihrer wirtschaftlichen Entwicklung nun für eine Positionierung am DAX eignen, kommen hinzu. Entscheidend dafür sind die jeweilige Marktkapitalisierung sowie der Börsenumsatz der Aktiengesellschaft im Hinblick auf andere an der Börse notierte Unternehmen. Alle diese werden nach den zwei Kriterien in eine Rangfolge eingeteilt. Erfüllt ein Unternehmen eine dieser beiden Kriterien nicht, sprich Börsenumsatz und / oder Marktkapitalisierung sind schlechter als Rang 45, so findet die sogenannte Fast-Exit Regel Anwendung und das Aktienunternehmen wird vom Deutschen Aktien Index ausgeschlossen. Das ist allerdings nur möglich, wenn eine Aktiengesellschaft, die zu diesem Zeitpunkt nicht am DAX gelistet ist, hinsichtlich der Kriterien Marktkapitalisierung und Börsenumsatz mindestens den Rang 35 erreicht. Ist dies nicht der Fall, so kann das andere Unternehmen, welches eigentlich nach der Fast-Exit Regel ausgeschlossen werden sollte, vorerst im DAX bleiben. Diese Regel ist die erste, die von der deutschen Börse angewandt wird, um den DAX neu zu mischen. Die Fast-Entry Regel ist die zweite, die für die Regelung der DAX- Mitgliedschaften genutzt wird. Neues Mitglied des Deutschen Aktien Index wird das Unternehmen, welches im Hinblick auf Börsenumsatz und Marktkapitalisierung mindestens den Rang 25 erreicht. Nichtsdestotrotz muss ein Unternehmen die Kriterien für einen Rauswurf erfüllen, um ein neues Mitglied aufnehmen zu können, denn lediglich 30 Aktiengesellschaften werden an dem Deutschen Aktien Index notiert. Die Regular Exit Regel schließt Aktienunternehmen aus, die hinsichtlich der Ausschluss- beziehungsweise Aufnahmekriterien schlechter als der Platz Nummer 40 sind. Auch hier muss ein Unternehmen die erforderlichen Kriterien erfüllen, um der ausgeschlossenen Aktiengesellschaft nachfolgen zu können. Bei dem Regular Entry handelt es sich um einen Nicht-Indexwert. Dieser ermöglicht es Unternehmen, am DAX gelistet zu werden, wenn diese nach Handelsvolumen und Marktwert mindestens auf Rang 30 landen.

Unbedingt ist hier zu erwähnen, dass alle Regeln (Fast-Exit, Fast-Entry, Regular Exit und Regular Entry) nur im September, sprich zum ordentlichen Anpassungstermin des Deutschen Aktien Index, angewandt werden. Die Fast-Exit und Fast-Entry Regel hingegen werden auch im Rahmen der außerordentlichen Anpassungstermine des DAX in den Monaten März, Juni und Dezember angewandt. Mit anderen Worten kann es zu einer neuen Mischung des DAX an insgesamt vier Zeitpunkten im Jahr kommen, dafür müssen Unternehmen selbstverständlich die Ausschluss- beziehungsweise Aufnahmekriterien erfüllen. Der Fast-Exit sowie der Fast-Entry sorgen für den raschen Ausschluss beziehungsweise die rasche Aufnahme von Unternehmen in den DAX, die eine dramatische Verschlechterung beziehungsweise Verbesserung in Sachen Börsenumsatz und Marktkapitalisierung erleben. Die Veränderungen an dem deutschen Leitindex werden meist ungefähr zwei Wochen nach der Anwendung der Regeln umgesetzt. In seltenen Fällen kann es auch zu einem sogenannten Fast-Fast-Exit kommen. Diese außerordentliche Aktualisierung des Index geschieht dann, wenn eine dort gelistete Aktiengesellschaft ein Insolvenz-Verfahren eröffnet und somit pleite ist. Der Rauswurf erfolgt dann im Rahmen der vierteljährigen Inspektion. Ebenfalls erfolgt ein Ausschluss, wenn die Aktie nicht mehr den Streubesitz (Freefloat) von 10 % erreicht. Doch mehr zu dem Streubesitz und dem Indexgewicht im folgenden Unterkapitel.

Der MDAX

Der MDAX beinhaltet die Unternehmen, die in der Rangfolge hinsichtlich der Marktkapitalisierung und des Börsenumsatzes direkt auf die 30 im DAX gelisteten Aktiengesellschaften folgen und steht für „Mid-Cap-DAX". Insgesamt werden hier 50 Unternehmen miteingeschlossen, die hauptsächlich in Deutschland tätig sind. Auch in diesem Index können Unternehmen, die die Kriterien für die Mitgliedschaft nicht mehr erfüllen, ausgeschlossen werden, sodass auch hier neue dazu kommen können. Wie bei dem DAX wird der MDAX ebenfalls als Performance- und Kurs-Index berechnet.

Der SDAX

Bei dem SDAX handelt es sich um den drittgrößten, an der Marktkapitalisierung des Streubesitzes gemessenen sowie an dem Börsenumsatz orientierten Aktienindex Deutschlands. Der Name SDAX steht für „Small-Cap-DAX". Dies bedeutet, dass hier die Aktienkurse von kleineren Unternehmen, nach den üblichen Kriterien gemessen, zusammengefasst werden. Der Index beinhaltet die Entwicklung der Aktienkurse von 50 Unternehmen, die auf die im MDAX geführten Unternehmen folgen. Anders als bei dem Deutschen Aktien Index (DAX) und dem MDAX ist die Zusammensetzung des SDAX bedeutend heterogener, mit anderen Worten sind hier Aktiengesellschaften aus vielen verschiedenen Branchen vertreten. Eine neue Mischung dieses Index erfolgt, wenn es aufgrund einer gesunkenen Marktkapitalisierung oder einem fallenden Börsenumsatz erforderlich ist, vierteljährig.

Der TecDAX

Der TecDAX ging als Nachfolger aus dem NEMAX 50 hervor und beinhaltet die Aktienkurse der 30 größten deutschen Technologieunternehmen. Wie bei dem DAX und dem MDAX kommen neue Unternehmen hinzu, die den Kriterien im Hinblick auf die Marktkapitalisierung und den Börsenumsatz entsprechen. Dementsprechend werden Unternehmen, die nicht mehr den Anforderungen genügen, aus dem TecDAX geworfen.

Streubesitz und Indexgewicht am DAX

Zunächst soll hier die Begrifflichkeit Streubesitz (Free Float) erläutert werden. Dieser ist der Anteil von Aktien eines Unternehmens, die sich im Besitz zahlreicher Aktionäre befinden und somit zu jeder Zeit und ohne Beschränkungen an der Börse gehandelt werden können. Im Normalfall befindet sich der Rest der Aktien im festen Besitz, zum Beispiel gehören diese der Muttergesellschaft des Aktienunternehmens oder einem Großaktionär, welche diese dementsprechend nicht verkaufen wird. Dieser Festbesitz an Aktien hat keinen Einfluss auf die Entwicklung des DAX.

An dem Deutschen Aktien Index werden nicht alle Unternehmen auf gleiche Art und Weise gewichtet. Mit anderen Worten wird die Kurve des Index von den verschiedenen hier gelisteten Unternehmen unterschiedlich beeinflusst. Die Gewichtung innerhalb des DAX ist von der Marktkapitalisierung des Streubesitzes abhängig. Um diese zu ermitteln, wird der Streubesitz der Aktie mit dem Aktienkurs multipliziert. Ist der Streubesitz hoch, so ist auch das entsprechende Gewicht im DAX entsprechend hoch. Allerdings wird der Streubesitz, der über 10 % beträgt, nicht in die Gewichtung miteinbezogen, um so zu verhindern, dass einzelne Unternehmen zu hohen Einfluss auf den Index haben.

Die Berechnung des Cash Flows nach der indirekten Methode

Wird die indirekte Methode genutzt, so wird hier der Nachsteuergewinn (EAT – Earnings after Taxes) genutzt. Hierbei wird die betriebswirtschaftliche Tatsache berücksichtigt, dass nicht alle innerhalb der Gewinn- und Verlustrechnung verbuchten Erträge und Aufwendungen auch gleichzeitig Ein- und Auszahlungen darstellen. Mit anderen Worten sind diese nicht immer zahlungswirksam und fließen somit nicht in den Cash Flow mit ein. Zunächst wird in der Berechnung nach der indirekten Methode der Jahresüberschuss nach Abzug der Steuern (EAT) ermittelt. Dafür werden die Gehälter und Abschreibungen von dem erzielten Umsatz subtrahiert. In diesem Beispiel werden die gleichen Zahlen genutzt, wie bei der Berechnung nach der direkten Methode.

Anschließend werden dann die Aufwendungen, die nicht zahlungswirksam sind (im Beispiel lediglich die Abschreibungen), zu dem Jahresüberschuss (EAT) addiert.

$$\textit{EAT 40.000 Euro+Abschreibungen 15.000 Euro}$$
$$= \textit{Cash Flow 55.000 Euro}$$

Diese liquiden Mittel, über die das Unternehmen aus dem Beispiel verfügt, können beispielsweise dazu genutzt werden, um einen Kredit zu tilgen, die Liquidität des

Unternehmens zu erhöhen oder für Investitionen verwendet werden.

Anschließend werden dann die Aufwendungen, die nicht zahlungswirksam sind (im Beispiel lediglich die Abschreibungen), zu dem Jahresüberschuss (EAT) addiert.

EAT 40.000 Euro+Abschreibungen 15.000 Euro
= Cash Flow 55.000 Euro

Diese liquiden Mittel, über die das Unternehmen aus dem Beispiel verfügt, können beispielsweise dazu genutzt werden, um einen Kredit zu tilgen, die Liquidität des Unternehmens zu erhöhen oder für Investitionen verwendet werden.

Kurs-Index und Performance-Index

Wichtig im Hinblick auf den DAX, ist die Unterscheidung zwischen Performance- und Kurs-Index. Der erste ist der, von dem oft in den Medien zu lesen beziehungsweise zu hören ist. In die Berechnung des Performance-Index fließen auch Dividenden, weitere Zahlungen an die Aktionäre und die Wiederanlage derselben mit ein. Mit anderen Worten werden hier auch die Ausschüttungen mit einbezogen. Bei dem Kurs-Index verhält es sich jedoch anders. Hier wird der Index einzig und allein durch die Kurse der Aktien aller am DAX gelisteten Unternehmen bestimmt. Die Zahlungen von Dividenden werden dementsprechend nicht berücksichtigt. Im direkten Vergleich dieser zwei Indizes wird der Kurs-Index logischerweise unter dem Performance-Index notiert. Erwähnenswert ist, dass der Performance-Index weltweit etwas Besonderes ist, da der Großteil der Aktienindizes weltweit lediglich als Kurs-Index berechnet werden.

Punkte

Im Zusammenhang mit Aktienindizes, beispielsweise dem DAX, ist stets von Punkten oder auch Zählern die Rede. Hier handelt es sich um einen Indikator, der die Wertentwicklung eines Index hinsichtlich des Ausgangswerts angibt. Der Ausgangswert wird immer dann bestimmt beziehungsweise willkürlich festgelegt, wenn Indizes ins Leben gerufen werden. Am Beispiel des DAX betrug der Ausgangswert im Jahr 1987 1000 Punkte (Zähler). Ein Anstieg des DAX im Vergleich zu dem vorherigen Tag wird in Prozent angegeben und bezieht sich auf die am Vortag vorhandenen Punkte.

Die wichtigsten Börsen und Indizes weltweit

Da im bisherigen Verlauf des Buches lediglich auf den Deutschen Aktien Index (DAX), der an der deutschen Börse gelistet wird, eingegangen wurde, sollen hier nun die weltweit wichtigsten Börsen und deren Leitindizes vorgestellt werden, denn nur die wenigen, bedeutenden Börsen der Welt haben einen Einfluss auf die internationalen Finanzmärkte.

Der Dow-Jones (Dow Jones Industrial Average, DOW oder auch DJIA) wird an der Börse in New York, der New York Stock Exchange (NYSE), die meist als Wall-Street bezeichnet wird, gehandelt. Dieser umfasst die Aktien der 30 größten Unternehmen der Vereinigten Staaten von Amerika. Die „Mutter aller Indizes“ existiert bereits seit 1884.

Ebenfalls die bedeutenden Indizes Standard & Poor’s 500 und der NASDAQ Composite haben ihr Zuhause an der Wall Street in New York. Der erste umfasst 500 Aktienwerte von US-amerikanischen Unternehmen. Der NASDAQ Composite Index umfasst nicht nur inländische, sprich US-amerikanische Unternehmen, sondern auch solche aus dem Ausland. Insgesamt werden hier 5000 Aktien aufgeführt. Auch der Nikkei 225 zählt zu den weltweit wichtigsten Aktienindizes und ist der Leitindex der japanischen Börse, die ihren Sitz in der Hauptstadt Tokio hat. Der Index setzt sich aus den

225 wichtigsten Unternehmen des asiatischen Landes zusammen und zeigt deren Wertentwicklung auf.

Ihre kostenfreies Hörbuch

Dieses Buch können Sie als neuer Audible Nutzer kostenlos als Hörbuch genießen. Folgen Sie dem Link um sich dieses Hörbuch jetzt kostenfrei zu sichern:

https://adbl.co/2BOecpY

DIE PLANUNG DER GELDANLAGE IN AKTIEN UND INFORMATIONEN ÜBER DIE BÖRSE

INNERHALB DIESES KAPITELS WERDEN DEM Leser nun die ersten Schritte der Planung aufgezeigt, die beachtet werden sollten, um mit dem Aktienhandel einen Gewinn zu erzielen. Unter anderem soll geschaut werden, wie viel Geld in Aktien investiert werden und ob dies kurz-, mittel- oder langfristig geschehen sollte. Um die richtigen Aktien zu wählen, ist es nicht nur wichtig, sondern viel mehr über Erfolg oder Misserfolg, sprich über Gewinn oder Verlust, entscheidend, verschiedene Informationsquellen zu nutzen. Ebenfalls Teil dieses Kapitels formen einige hilfreiche Tipps, um mit dem Handel von Aktien erfolgreich zu sein sowie auch häufige Fehler, die Anleger begehen. Des Weiteren wird ein Blick auf die Auswahl des Depots geworfen und erste Schritte an der Wertpapier-Börse erläutert. Auch werden im Rahmen dieses Kapitels verschiedene Risikoklassen vorgestellt, in die Banken und Finanzberater ihre Kunden einteilen. Allerdings ist es auch für Einsteiger interessant zu wissen, welcher Risikoklasse diese angehören, um sich für das individuell richtige Finanzprodukt (Aktien, Fonds, Anleihe, Optionsscheine, etc.) zu entscheiden.

Die Erstellung einer Vermögens-Übersichth

Bevor mit dem Kauf von Aktien begonnen werden kann, sollte sich der zukünftige Aktionär zunächst über seine finanzielle Situation im Klaren sein. Überstürztes Vorgehen führt in den seltensten Fällen zu einem Erfolg an der Börse, schließlich soll hier nicht gezockt, sondern die Möglichkeit einer langfristigen, möglichst risikoarmen, jedoch gewinnbringenden Geldanlage genutzt werden. Dafür ist es, wie bereits angemerkt, wichtig, zu schauen, wie viel Geld pro Monat übrig ist und dementsprechend in Aktien investiert werden kann. Hilfreich und leicht zu erstellen ist eine individuelle, monatliche Bilanz, die die Einnahmen mit den Ausgaben gegenüberstellt. Darunter fallen die Lohnbeziehungsweise Gehaltszahlungen und andere Einnahmen, die Ausgaben für die Miete der Wohnung oder des Hauses sowie die Nebenkosten, zu tilgende Kredite, die Ausgaben für Einkäufe von Lebensmitteln, Kleidung und so weiter. Kurz zusammengefasst: die Lebenshaltungskosten. Der Betrag, der hier übrig bleibt, kann in den Kauf von Aktien investiert werden. Ist dieser gering, so sollte geschaut werden wo Sparpotenzial vorhanden ist, um dieses auszuschöpfen und das Geld gewinnbringend anzulegen.

Natürlich spielt auch die individuelle Lebenssituation eine Rolle. Ein Ehepaar, welches keine Kinder hat, bei dem jedoch beide Teile erwerbstätig sind, sollte grundsätzlich weniger Ausgaben haben und gleichzeitig höhere Einnahmen verbuchen, als eine vierköpfige Familie, in der lediglich ein Elternteil einer beruflichen Tätigkeit nachgeht. Natürlich ist hier ebenso der jeweilige Lebensstil zu berücksichtigen. Ebenfalls sollte klar sein, ob das in Aktien investierte Geld bereits in wenigen Wochen für die Anschaffung eines neuen Fernsehers, oder doch mittelfristig für den Kauf eines Autos, oder gar langfristig für die Renovierung des Hauses oder für die Altersvorsorge benötigt wird. Die Frage kurz-, mittel- oder langfristig ist also von Bedeutung.

Die Unterteilung in Risikoklassen

Vor dem Hintergrund der letzten Finanzkrise wurden Banken und weitere Finanzdienstleister dazu verpflichtet, ihre Kunden stets ausführlich über die mit der Geldanlage einhergehenden Risiken zu informieren. Dazu werden die Kunden beziehungsweise die Finanzprodukte in bis zu sechs Risikoklassen eingeteilt. Unter zur Hilfenahme von Fragebögen wird das entsprechende Risikoprofil stets individuell ermittelt. Nachfolgend sollen die Risikoklassen hier beschrieben werden, um dem Leser eine Idee davon zu geben, wie Risiko und Rendite im Verhältnis zueinander stehen.

Risikoklasse 1 - Sicherheitsorientierung

Die erste Risikoklasse umfasst ausschließlich sichere Anlagen, die auf den Erhalt des Kapitals und auf der kurzfristigen Verfügbarkeit desselben beruhen. Dazu zählen neben Spareinlagen unter anderen auch, Fest- und Tagesgelder sowie Bausparverträge. Die Rendite und somit auch das Risiko fallen hier gering aus.

Risikoklasse 2 - Konservative Geldanlage

Hier handelt es sich um Finanzprodukte, die zwar sicherheitsorientiert sind, jedoch ein Zinsrisiko beziehungsweise Zinsänderungsrisiko bergen. Zum Beispiel gehören viele Anleihen zu der Risikoklasse 2. Das liegt schlichtweg daran, dass ein steigender Marktzins dafür sorgt, dass die Anleihe an Wert verliert (darauf wird später detailliert eingegangen). Außerdem besteht ein Emittentenrisiko, sprich die Unfähigkeit eines Unternehmens seiner Zahlungsverpflichtung nachzukommen. Zu den Finanzprodukten der Risikoklasse 2 zählen festverzinsliche Wertpapiere, wie beispielsweise Bundesanleihen. Anleihen von Fremdwährungen gehören allerdings nicht der Risikoklasse 2 an. Auch europäische Rentenfonds und offene Immobilienfonds sind in der zweiten Risikoklasse angesiedelt. Um die Möglichkeiten auf eine attraktive Rendite auszunutzen, ist es wichtig, diese Finanzprodukte langfristig zu halten.

Risikoklasse 3 - Ertragsorientierung

Die Risikoklasse 3 umschließt solche Geldanlagen, die ein mittleres Risiko aufweisen. Dementsprechend sind die Rendite-Aussichten höher. Neben europäischen Standardwerten (Aktien) fallen auch internationale Rentenfonds, Mischfonds und Währungsanleihen in diese Kategorie beziehungsweise Klasse. Auch hier besteht das Emittentenrisiko, es kommen jedoch das Ertrags- und Kursrisiko hinzu. Ebenfalls ist das Währungsrisiko zu nennen.

Risikoklasse 4 - Spekulation

Zu der Risikoklasse 4 werden alle Geldanlagen gezählt, die ein vergleichsweise hohes Risiko mit sich bringen, bei Aussichten auf hohe Renditen. Dazu zählen europäische Nebenwerte (Aktien), außereuropäische Standardwerte, Zertifikate und Fremdwährungsanleihen. Für Anleger, die wenig risikofreudig sind, sind diese Finanzprodukte nicht zu empfehlen.

Risikoklasse 5 - Sehr spekulative Geldanlagen

Hier handelt es sich um die höchste Risikostufe, die sich ausschließlich für Anleger eignet, die hohe Verluste hinnehmen können. Die in Aussicht gestellten Renditen, sind überdurchschnittlich hoch und werden mit spekulativen Anleihen, wie Optionsscheinen, außereuropäischen Nebenwerten und Emerging-Market-Fonds erwirtschaftet. Nicht selten kommt es in diesen Fällen zu Totalverlusten des investierten Geldes.

Hinzuziehung verschiedener Informationsquellen

Natürlich hilft der Bankberater gerne weiter und berät Anleger im Hinblick auf die Geschäfte mit Aktien an der Börse. Dieser sollte jedoch nicht die einzige Informationsquelle darstellen, denn wichtig ist, selbst bestens über Entwicklungen auf dem Aktienmarkt informiert zu sein.

Bücher, so wie dieses, können dabei helfen, einen ersten Einblick in das Börsengeschehen zu erhalten und in das Thema Aktien einzusteigen. Da es sich hier allerdings um ein Buch für Anfänger handelt, werden (Anlage-) Strategien zwar aufgeführt und erläutert, es existiert jedoch eine Fülle an weiteren, spezifischeren Werken, die explizit auf Strategien eingehen. Nichtsdestotrotz sollte darauf geachtet werden, dass stets aktueller Bücher gekauft werden, denn der Börsenbereich wandelt sich schnell, sodass einige Werke bereits veraltet und nicht mehr aktuell sind.

Neben der Lektüre von Büchern über den Aktienhandel, sind auch die audiovisuellen Medien zu empfehlen. Um an Informationen zu gelangen, sollten vor allem die entsprechenden Fernsehprogramme der öffentlich-rechtlichen Sender genutzt werden. Diese bieten die Informationen im Normalfall auch im Internet an, wo diese Tag und Nacht abgerufen werden können. Ebenso die jeweiligen Teletextbeziehungsweise Videotext-Seiten geben Auskunft über aktuelle Entwicklungen und Trends an der Börse. Ebenfalls werden in Radiosendungen Neuigkeiten von der Börse verkündet.

Auch, sogar besonders zu empfehlen, ist die Informationsentnahme aus den Unternehmensinformationen. Wie bereits angeführt, haben Aktienunternehmen die Pflicht der Erstellung eines jährlichen Geschäftsberichtes. Dieser und auch die Quartalsberichte können daran interessierte Anleger direkt bei dem Unternehmen anfordern und somit Informationen aus erster Hand erhalten. Außerdem sollte die Internetseite des jeweiligen Unternehmens bereits Auskunft über dasselbe geben. Beispielsweise sollte dort die betriebliche Tätigkeit genau beschrieben sein, sodass der interessierte Anleger im Anschluss überprüfen kann, wie es um die Entwicklung dieser Branche im Allgemeinen bestellt ist. Daraus lassen sich oftmals bereits wichtige Schlüsse ziehen. Ebenso lohnt sich der Besuch von Messen, auf dem die jeweilige Aktiengesellschaft vertreten ist. Hier kann sich so ein genaueres Bild von dem Unternehmen verschafft sowie Fragen an das auf der Messe anwesende Personals gestellt werden.

Auch die Printmedien, wie spezialisierte Finanz- und Wirtschaftsmagazine für Anleger aber auch die normale Tageszeitung bieten Näheres über Aktiengesellschaften, deren Aktien und über die Entwicklung des Werts derselben.

Auch das Internet allgemein kann nach aktuellen Analysen und Experten-Einschätzungen hinsichtlich der Entwicklung einzelner Aktien oder auch des gesamten Aktienmarktes durchforstet werden. Eine riesige Fülle an Informationen wird hier tagesaktuell und völlig kostenlos bereitgestellt. Hier gilt jedoch auch vor allem eins: Vorsicht. Denn in einigen Fällen stammen die Informationen nicht aus zuverlässigen, unabhängigen Quellen, sondern werden von Interessen beeinflusst. Es muss also unbedingt die Objektivität der jeweiligen, zur Rate gezogenen Analyse überprüft werden. Es existieren Internetseiten beziehungsweise -portale, die für den Kauf von Aktien werben und ganz besonders einen bestimmten Titel (Aktie) empfehlen. Außerdem gibt es (Werbe-) Anzeigen, die beispielsweise Überschriften wie „Die besten Aktien für 2018“ oder „Geheime Aktien- Tipps für 2018“ tragen und ebenfalls bestimmte Aktien bewerben. Logischerweise versteckt sich dahinter lediglich Werbung und keine objektive Berichterstattung über zukünftige Trends an der Börse. Die Herausgeber dieser betrügerischen, vermeintlichen Börsennachrichten verdienen indirekt mit, auf Kosten des Anlegers, dem falsche Versprechungen gemacht werden. Auch kann es vorkommen, dass Banken besonders die Unternehmen gut bewerten, die diese selbst an die Börse gebracht haben. Außerdem sollten zukünftige Aktionäre beachten, dass auch Analysten nur Menschen sind und sich dementsprechend in ihren Bewertungen und Einschätzungen durchaus irren können.

Eine weitere, interessante Möglichkeit, um nicht den Überblick über das Börsengeschehen zu verlieren und stets auf dem aktuellsten Stand zu sein, wird von Apps geboten, die gleichermaßen für Android- aber auch für iOS-Smartphones erhältlich sind. Selbstverständlich ist es auch hier wichtig, einen seriösen und unabhängigen Anbieter zu finden und sich nicht ausschließlich auf die Meldungen der App zu verlassen. Diese Apps sind nicht immer kostenlos, bieten jedoch einen entscheidenden Vorteil: der Nutzer wird stets benachrichtigt, auch, wenn dieser unterwegs ist.

Zusammenfassend kann hier festgehalten werden, dass die Fülle an Informationen der unterschiedlichsten Medien (TV, Radio, Printmedien, usw.) dazu genutzt werden kann und sollte, um die richtige Entscheidung bei dem Aktienkauf zu treffen. Natürlich können Ereignisse, die aus keiner der zur Rate gezogenen Analysen beziehungsweise aus den anderen genutzten Informationsmaterialien zu erwarten waren, auftreten. Wäre dem nicht so, so wäre es auch für absolute Neulinge an der Börse ein Leichtes mit dem Handel von Aktien innerhalb kürzester Zeit reich zu werden.

Da es sich an der Börse so verhält, dass hier schnell Geld verdient werden kann, jedoch genauso gut auch Verluste möglich sind, sollten Anfänger einige wichtige Regeln beachten, um ärgerliche Verluste zu vermeiden.

Wichtige Regeln für den Handel von Aktien

Logischerweise sollten Anleger, die gerade mit dem Aktienhandel begonnen haben, nicht den Fehler begehen, Aktien auf Kredit zu erwerben. Zeiten, in denen es mit dem Aktienkurs bergab geht, interessieren die Banken überhaupt nicht. Ist kein weiteres Vermögen verfügbar, mit dem der aufgenommene Kredit getilgt werden kann, so hat die Bank die Option, beispielsweise das Auto des Schuldners zu pfänden. Außerdem ist es Neulingen dringend zu empfehlen, zu Anfang nur geringen Beträge in Aktien zu investieren. Ebenso wenig ratsam ist es auf Geld zurückzugreifen, welches eigentlich für Notfälle vorgesehen war, beispielsweise für Reparaturen am Auto oder in der Wohnung. Anleger sollten Aktien stets als langfristige Geldanlage betrachten, die diese zwar nicht über Nacht zum Millionär macht, auf lange Sicht jedoch einen beachtlichen Vermögenszuwachs ermöglicht. Natürlich vorausgesetzt, dass sich für die richtigen Aktien entschieden wurde, die an Wert gewinnen. Außerdem sollten unerfahrene Anleger die Finger von hochspekulativen Aktien, wie zum Beispiel den Pennystocks, lassen. Hier werden zwar äußerst hohe Gewinne in Aussicht gestellt, allerdings auf Kosten der Sicherheit. Für Anleger, die deutsche Aktien erwerben möchte, sind vor allem die im DAX gelisteten Aktiengesellschaften zu empfehlen. Hier handelt es sich um Global Player, sprich weltweit aktive Konzerne, die über eine große Marktkapitalisierung verfügen. Auch Nebenwerte, die im MDAX, TecDAX und SDAX gelistet sind, also Mid-Cap und Small-Cap Aktien, sind grundsätzlich keine schlechte Anlagemöglichkeit. Selbstverständlich sind auch die Aktien dieser Unternehmen nicht vor Kurseinbrüchen gewahrt. Ein Totalausfall, wie es bei den Pennystocks und anderen, auf dem sogenannten grauen Kapitalmarkt gehandelten Wertpapieren der Fall ist, ist hier jedoch äußerst unwahrscheinlich und sollte die absolute Ausnahme darstellen. Des Weiteren ist besonders zu beachten, die Investition und damit auch das damit einhergehende Risiko zu streuen. Das bedeutet, sich nicht lediglich auf eine Aktie festzulegen, sondern eine Streuung der Investition vorzunehmen, sprich Aktien von Unternehmen aus unterschiedlichen Branchen zu erwerben. Erwirbt ein

Aktionär also beispielsweise Aktien von Autoherstellern, wie Volkswagen und Daimler, so ist es wahrscheinlich, dass die Kurse beider Aktien fallen, wenn es der Automobilindustrie aus was für einem Grund auch immer (zum Beispiel: Abgasskandal und Manipulationen), schlecht geht. Wird sich hingegen für Aktien eines Automobil-Herstellers entschieden und außerdem durch den Kauf von Aktien in ein Unternehmen der chemischen Industrie investiert, so können Kursrückgänge einzelner Aktien abgefangen werden. Nichtsdestotrotz sollte nicht zu viel gestreut werden, um den Überblick über die erworbenen Aktien und deren Wertentwicklung zu behalten, was dazu führen kann, dass Negativ-Trends erst dann bemerkt werden, wenn es bereits zu spät ist. Zu nennen ist hier die Empfehlung des Deutschen Aktieninstituts, acht bis maximal zehn Aktien zu besitzen. Ebenfalls wird empfohlen, allgemein die Anlageklasse zu wechseln. Auf andere Geldanlagen (Anleihen, ETFs und Zertifikate) soll hier weiter unten eingegangen werden.

Der wohl häufigste Fehler von Anleger, die an der Börse mit dem Handel von Aktien Geld verdienen möchten, egal ob es Neulinge oder erfahrene Aktionäre sind, ist die Selbstüberschätzung. Daraus leitet sich die Regel ab, nicht davon auszugehen, dass der Markt in all seinen Facetten und Verhaltensweisen gekannt wird. Pures Glück und schnelle daraus resultierende Gewinne sind also auf keinen Fall mit Können zu verwechseln. Es passiert nicht selten, dass Anleger aufgrund ihres vermeintlichen Könnens viel Geld in verlustbringende Aktien investieren. Im Rahmen der Selbstüberschätzung spielt auch die Missachtung von Börsentrends eine entscheidende Rolle. Wird gegen einen aktuellen Trend gehandelt, egal ob es sich um einen auf- oder abwärts Trend handelt, so endet dies meist mit hohen Verlusten. Experten empfehlen, ein Börsentagebuch zu führen, in dem Anleger festhalten, wieso welches Wertpapier zu welchem Zeitpunkt und warum erworben wurde. Auch bei dem Aktienhandel gilt, dass Erfahrung der beste Lehrmeister ist. Verluste sollten also als Investition in das eigene (Börsen-) Wissen verbucht werden. Auch die mangelnde Zeitabstimmung beziehungsweise das falsche Timing kann zu Verlusten oder reduzierten Gewinnen führen. Die Wahrscheinlichkeit, dass ein Abwärts-Trend weiter geht, ist stets höher, als dass sich der Kurs des Wertpapiers in kurzer Zeit wieder normalisiert beziehungsweise Gewinne verzeichnet. Zeichnet sich eine solche Entwicklung ab, so sollte erwägt werden, die Unternehmensanteile schnellstmöglich zu verkaufen. Ähnlich verhält es sich bei Positiv-Trends. Aus Angst, die Aktie, die deutlich an Wert gewonnen hat, erst dann zu verkaufen, wenn diese wieder an Wert verliert, entscheiden sich Anleger dazu, die Aktie „auf dem halben Weg“ zu verkaufen. So wird die Chance auf deutlich höhere Gewinne von vielen Aktionären aus Angst vor einem bevorstehenden Kursverfall, nicht genutzt. Auch sollten es Aktionäre vermeiden, häufig umzuschichten und Aktien bereits nach kurzer Zeit wieder zu verkaufen. Natürlich abgesehen von sich deutlich abzeichnenden Abwärts-Trends. Das Umschichten bringt normalerweise stets Kosten mit sich, wie beispielsweise die Gebühren, die die Broker erheben und die Rendite schmälern.

Broker sind Personen oder (online) Plattformen, die im Auftrag von Kunden Wertpapiergeschäfte an der Börse abwickeln. Anstatt Broker kann auch der Begriff Makler verwendet werden.

Risikoanalyse – Einige, wichtige Kennzahlen auf dem Aktienmarkt

Um vor dem Kauf einer Aktie zuverlässig zu ermitteln, ob sich das jeweilige Unternehmen in Schwierigkeiten befindet und / oder ob der aktuelle Kurs derselben preiswert oder doch überteuert ist, können Kennzahlen zur Aktien- beziehungsweise Unternehmensbewertung genutzt werden. Die wichtigsten, die auch bereits Einsteiger, die mit dem Aktienhandel beginnen möchten, kennen sollten, werden hier erläutert, um Neulingen aufzuzeigen, wie diese eine eigene und unabhängige Risikoanalyse durchführen können.

Kennzahlen zur Profitabilität von Unternehmen

Der Gewinn des Unternehmens

Logischerweise zählt der Gewinn zu den aussagekräftigsten und wichtigsten Kennzahlen, wenn es darum geht, ein Unternehmen im Hinblick auf dessen Wirtschaftlichkeit zu bewerten. Es wird zwischen unterschiedlichen Gewinnen unterschieden. Der Gewinn vor Zinsen, Steuern und Abschreibungen (EBITDA - Earnings before Interests, Taxes and Depreciation) gibt lediglich Auskunft darüber, ob ein Unternehmen aus der reinen unternehmerischen Tätigkeit profitabel ist, denn Zinsen, Steuern und Abschreibungen werden außen vorgelassen und fließen nicht in die Berechnung mit ein. Der operative Gewinn (EBIT - Earnings before Interest and Taxes) berücksichtigt die Wertverluste im Rahmen von Abschreibungen. Werden von diesem operativen Gewinn noch die zu zahlenden Zinsen und die Steuern abgezogen, so ergibt sich daraus der Jahresüberschuss. Natürlich ist es für Aktionäre von Vorteil, wenn das Unternehmen hohe Gewinne erwirtschaftet, denn davon hängt schlussendlich die Höhe der Dividende ab.

Das Gewinnwachstum

Die Kennzahl Gewinnwachstum gibt den Anlegern Informationen über den Anstieg des Gewinns in einer bestimmten Zeitperiode. Sinnvoll ist es, das künftige Wachstum zu analysieren aber auch auf die Vergangenheit zu schauen. Anhand des Gewinnwachstums kann auch in etwa eingeschätzt werden, ob es sich um ein finanziell wachsendes, stagnierendes oder schrumpfendes Unternehmen handelt. Auch die Gewinnerwartungen können so grob erkannt werden.

Die Gesamtkapitalrendite

Um zu erkennen, ob ein Unternehmen mit den zur Verfügung stehenden Kapital, also sowohl Eigen- als auch Fremdkapital, rentabel wirtschaftet, kann die Kennzahl der Gesamtkapitalrendite genutzt werden.

$$Gesamtkapitalrendite = \frac{Gewinn}{Bilanzsumme}$$

Je höher die aus der Rechnung resultierende Prozentzahl ist, desto positiver ist diese zu bewerten.

Die Eigenkapitalrendite

Wie auch bei der Gesamtkapitalrendite, ist auch hier eine hohe Prozentzahl als positiv zu bewerten. Die Eigenkapitalrendite setzt den Gewinn eines Geschäftsjahres, normalerweise die Earnings before interests and taxes (EBIT) oder den Jahresüberschuss, ins Verhältnis zu dem vorhandenen Eigenkapital. Da es sich bei dem Eigenkapital um das Geld der Aktionäre handelt, die durch den Aktienkauf Mitinhaber der Gesellschaft geworden sind, gibt die Eigenkapitalrendite Aufschluss über den rentablen oder weniger rentablen Einsatz des Geldes derselben. Das Fremdkapital fließt dementsprechend nicht mit in die Rechnung ein.

$$Eigenkapitalrendite = \frac{EBIT}{Eigenkapital}$$

Kennzahlen zur Bewertung von Aktien

Das Kurs-Gewinn-Verhältnis

Das KGV steht nicht für kleinster gemeinsamer Viel- facher, sondern, wenn es sich um Aktien handelt, für das Kurs-Gewinn-Verhältnis. Dieses wird auch als Mutter aller Kennzahlen für die Bewertung von Aktien bezeichnet. Wie es der Name bereits verrät, wird hier also der Aktienkurs, sprich der Preis, den ein Aktionär pro Aktie zahlt, mit dem Gewinn des Unternehmens ins Verhältnis gesetzt. Zunächst wird dafür der Gewinn des Unternehmens durch die Anzahl der ausgegebenen Aktien geteilt, um so den Gewinn pro Aktie zu ermitteln. Dafür kann der Vorjahres-Gewinn oder auch der zukünftige zu erwartende Gewinn des aktuellen Jahres genutzt werden.

$$Kurs - Gewinn - Verhältnis = \frac{Aktienkurs}{Gewinn/Aktie}$$

Rechenbeispiel

Gewinn/Aktie = 10 Euro

Aktienkurs = 150 Euro

$$Eigenkapitalrendite = \frac{EBIT}{Eigenkapital}$$

Das Ergebnis der Berechnung bei einem Gewinn pro Aktie von 10 Euro und einem aktuellen Aktienkurs in Höhe von 150 Euro, lautet KGV = 15 und gibt an, dass Aktionäre das 15-fache der aktuell erzielten Gewinne für die Aktie bezahlen.
Grundsätzlich steht ein niedriges KGV für günstige Aktien und ein hohes KGV für teure Aktien.

Liegt das Kurs-Gewinn-Verhältnis zwischen den Werten 12 und 15, so gilt dieses als durchschnittlich. Eine niedrige Bewertung nach dem KGV steht allerdings nicht nur für günstige Aktien, sondern eben auch dafür, dass die Zukunftserwartungen eher pessimistisch wahrgenommen werden. Andersherum gehen hohe Bewertungen nach dem KGV mit optimistischeren Erwartungen hinsichtlich der Entwicklung des Werts der Aktie, sprich des Aktienkurses, einher. Studien besagen jedoch, dass sich der Kauf von, laut der Kennzahl KGV, niedrig bewerteten Aktien eher bewährt als von solchen, die hoch bewertet sind.

Das Shiller-Kurs-Gewinn-Verhältnis

Bei dem Shiller-KGV handelt es sich um eine modifizierte Version des Kurs-Gewinn-Verhältnisses und zählt zu den am häufigsten genutzten Kennzahlen für die Bewertung von Aktiengesellschaften. Es handelt sich um einen vergangenheitsorientierten Indikator, der angibt, wie viel Jahre dafür benötigt werden, dass die erwarteten Gewinne den Kaufpreis amortisiert (abgezahlt) haben. Das Shiller-KGV versucht die Schwächen des KGV auszugleichen, in dem nicht nur der Gewinn eines Jahres in die Berechnung mit einbezogen wird, sondern der Durchschnitts-Gewinn der letzten zehn Jahre. Das hat den großen Vorteil, dass konjunkturelle Schwankungen und andere Einmaleffekte das Verhältnis zwischen dem Kurs und dem Gewinn nicht so stark verzerren. Im Hinblick auf die Berechnung ist noch wichtig zu erwähnen, dass der Gewinn nach Steuern (Jahresüberschuss; EAT - Earning after Taxes) genutzt wird.

Shiller-Kurs-Gewinn-Verhältnis

$$= \frac{Nachsteuergewinn}{Umsatz/Aktie}$$

Vor allem für Anleger, die langfristig eine Aktie halten möchten, ist die Shiller-Kennzahl interessant, um Überbewertungen zu erkennen.

Das Kurs-Umsatz-Verhältnis

Das Kurs-Umsatz-Verhältnis, kurz KUV, stellt eine weitere Kennzahl zur Bewertung von Aktien dar. Wie auch das zuvor vorgestellte KGV, setzt das KUV einen Betrag beziehungsweise Wert mit dem Aktienkurs ins Verhältnis. Anstelle des Gewinns wird jetzt jedoch mit dem Umsatz pro Aktie gearbeitet. Stets ist zu empfehlen, das KGV und KUV gemeinsam zu betrachten, denn es existieren schließlich Unternehmen, die zwar einen hohen Umsatz erzielen, jedoch (noch) keinen Gewinn erwirtschaften. Ein Vergleich der Aktien von verschiedenen Unternehmen macht vor allem im Hinblick auf die Zugehörigkeit ein und derselben Branche Sinn. Zum Beispiel sind die Hersteller von Automobilen deutlich kapitalintensiver, diese benötigen also mehr Kapital, um dieses in Forschung und Entwicklung zu investieren, als Technologie-Unternehmen. Als Folge daraus haben die ersten im Normalfall einen höheren KUV.

Für die Berechnung muss zuerst der Umsatz pro Aktie (Umsatz des Unternehmens/ Anzahl der Aktien) ermittelt werden.

$$Kurs - Umsatz - Verhältnis = \frac{Aktien}{Umsatz}$$

Eine Aktie, bei der der KUV über dem Wert 1,5 liegt, gilt als teuer. Eine Faustregel besagt, dass ein Kurs-Umsatz-Verhältnis von 1,0 ein fairer Wert ist.

Das Kurs-Cash-Flow-Verhältnis

Zunächst ist es wichtig, hier festzuhalten, dass der Cash Flow die Zahlungskraft von Unternehmen angibt. Damit das Kurs-Cash-Flow-Verhältnis (KCV) als zuverlässige Kennzahl für die Bewertung von Aktien genutzt werden kann, sollte dieses stets über einen mehrjährigen Zeitraum betrachtet werden. Im Vergleich zu dem KGV werden hier nicht die Gewinne betrachtet, sondern die Zahlungsflüsse des Unternehmens. Problematisch an dieser Kennzahl ist jedoch, dass diese die Restwerte von erworbenem Anlagevermögen nicht berücksichtigt. So kann es passieren, dass hohe, einmalige Investitionen dazu führen, dass das Kurs-Cash-Flow-Verhältnis über die Jahre stark schwankt. Aus eben diesem Grund sollte das KCV nie einzeln, sondern immer unter zusätzlicher Betrachtung des KGV genutzt werden. Im Rahmen der Berechnung desselben wird auf den operativen Cash Flow, der auch als Mittelzufluss aus der laufenden Geschäftstätigkeit bezeichnet werden kann, zurückgegriffen.

$$Kurs - Cash\ Flow - Verhältnis = \frac{Aktienkurs}{operativer\ Cash\ Flow/Aktie}$$

oder

$$Kurs - Gewinn - Verhältnis = \frac{Marktkapitalisierung}{operativer\ Cash\ Flow}$$

Rechenbeispiel:

Operativer Cash Flow = 8.000.000 Euro
Marktkapitalisierung = 50.000.000 Euro

$$Kurs - Cash\ Flow - Verhältnis = \frac{50.000.000}{8.000.000} = 6{,}25$$

Die Berechnung des KCV mit einer Marktkapitalisierung von 50 Millionen Euro und einem operativen Cash Flow von 8 Millionen Euro, ergibt den Wert 6,35. Dieser gibt an, dass es 6,25 Jahre dauert, bis der Wert des Unternehmens von dem Cash Flow finanziert wird.

Das Kurs-Buchwert-Verhältnis

Im Gegensatz, zu den drei zuvor erläuterten Kennzahlen zur Bewertung von Aktien, ist das Kurs-Buchwert-Verhältnis substanzorientiert und basiert auf dem Eigenkapital einer Aktiengesellschaft. Zur Berechnung des KBV wird der aktuelle Aktienkurs durch den Buchwert pro Aktie dividiert.

$$Kurs - Buchwert - Verhältnis = \frac{Aktienkurs}{Buchwert\ pro\ Aktie}$$

Rechenbeispiel:

Buchwert pro Aktie = 35
Euro Aktienkurs = 35 Euro

$$Kurs - Buchwert - Verhältnis = \frac{35}{35} = 1$$

Das Ergebnis der Berechnung des KBV bei einem Buchwert von 35 Euro und dem Aktienkurs von 35 Euro lautet KBV = 1. Das bedeutet, dass der Buchwert dem Marktwert (Marktkapitalisierung) der Aktie entspricht. Eine Aktie ist umso preiswerter, je niedriger das Kurs-Buchwert-Verhältnis ist. Das Kurs Buchwert-Verhältnis zeigt also die Höhe des Vermögens auf, das auf jeden in das Unternehmen investierten Euro entfällt. Im Beispiel ist dies ebenfalls 1 Euro. Es kann jedoch auch vorkommen, dass das KBV (zum Beispiel) 1,20 beträgt. Das würde wiederum bedeuten, dass pro 1 Euro, der für den Kauf der Aktie benötigt wird, 1,20 Euro an Unternehmenskapital erhalten wird.

Der Buchwert einer Aktie wird durch den Quotienten aus der Berechnung: Eigenkapital dividiert durch die gesamte Anzahl der Aktien des Unternehmens ermittelt. Wenn der Buchwert erheblich über dem aktuellen Preis beziehungsweise Kurs der Aktie liegt, so kann dies als Kaufsignal interpretiert werden, denn pro Aktie, die beispielsweise 1 Euro kostet, erhält der Aktionär einen höheren Anteil an dem Eigenkapital des Unternehmens.

Die Dividendenrendite Die Dividendenrendite

Auch bei der Dividendenrendite, handelt es sich um eine Aktien-Kennzahl. Diese gibt an, wie hoch die Ausschüttung je Euro, der in eine Aktie investiert wurde, ausgefallen ist, setzt also die Dividende und den Aktienkurs in ein Verhältnis zueinander.

$$Dividendenrendite = \frac{Dividende}{Aktienkurs}$$

Rechenbeispiel:
Aktienkurs = 100 Euro
Dividende pro Aktie = 2,50 Euro

Dividendenrendite = 2,5 = 0,025 = 2,5%

Das Ergebnis der Berechnung der Dividendenrendite bei einem Aktienkurs von 100 Euro und einer Dividende pro Aktie von 2,50 Euro gibt an, dass das pro Euro 2,5 % Dividende gezahlt werden. Ist eine Aktie, wie hier im Beispiel, also 100 Euro wert, so erhält der Aktionär im Falle einer Dividendenausschüttung (100 Euro * 2,5 % = 2,50 Euro) 2,50 Euro pro Aktie (siehe Rechenbeispiel).

Zu beachten ist hier, dass die Dividendenrenditen von Aktien ständig beziehungsweise täglich schwanken. Das liegt an dem sich ebenfalls fortlaufend ändernden Aktienkurs, der für die Berechnung derselben herangezogen wird. Unsicherheiten für Aktionäre bestehen hier vor allem im Hinblick auf die zukünftig zu erzielende Dividende, die grundsätzlich mit der Höhe von in der Vergangenheit ausgeschütteten Dividenden nichts zu tun hat.

Kennzahlen zur finanziellen Stabilität

Die nachfolgend beleuchteten Kennzahlen dienen zur Analyse der finanziellen Stabilität von Aktienunternehmen.

Die Eigenkapitalquote

Die Eigenkapitalquote (EKQ) gibt an, wie hoch der Anteil des Eigenkapitals im Verhältnis zum Gesamtkapital, sprich der Bilanzsumme, ist. Je höher die Eigenkapitalquote, desto unwahrscheinlicher ist es, dass das jeweilige Unternehmen, in eine Krise rutscht. Das liegt auch an der höheren Kredit- würdigkeit, die damit einhergeht. Grundsätzlich erreichen nur die wenigsten Unternehmen eine Eigenkapitalquote von 100 %. Dies ist durchaus beabsichtigt, denn oftmals ist es schlichtweg günstiger Kredite, also Fremdkapital, aufzunehmen, als eine Kapitalerhöhung durchzuführen. Durch die letzte würden junge Aktien ausgegeben werden und die Gesellschaft müsste den erwirtschafteten Gewinn dementsprechend mit mehr Anlegern teilen.

$$Eigenkapitalquote = \frac{Eigenkapital}{Bilanzsumme\ (Gesamtkapital)}$$

Grundsätzlich sollte die Eigenkapitalquote also möglichst hoch sein, um sich darauf verlassen zu können, dass das Unternehmen auch in Krisenzeiten in der Lage ist, zusätzliches Fremdkapital aufzunehmen. Aktiengesellschaften mit einer besonders niedrigen Eigenkapitalquote haben es logischerweise schwer an Fremdkapital zu gelangen, da sich diese bereits zu einem gewissen Teil durch dasselbe finanzieren. Auch hier eignet sich der Vergleich nicht bei Unternehmen verschiedener Branchen, da die EKQ beispielsweise bei kapitalintensiven Unternehmen deutlich höher als bei Kreditinstituten ausfällt.

Der Grad der Verschuldung

Im Umkehrschluss zur Eigenkapitalquote gibt der Verschuldungsgrad Aufschluss über das Verhältnis zwischen Eigen- und Fremdkapital. Für die Berechnung wird auf die Bilanzsumme geschaut.

$$Verschuldungsgrad = \frac{Fremdkapital}{Eigenkapital}$$

Rechenbeispiel:

Eigenkapital = 100.000.000 Euro

Fremdkapital = 120.000.000 Euro

(Bilanzsumme = 100.000.000 Euro + 120.000.000 Euro = 220.000.000 Euro)

$$Verschuldungsgrad = \frac{120.000.000\ Euro}{100.000.000\ Euro} = 1{,}2 = 120\%$$

Verschuldungsgrad = 120.000.000 Euro = 1,2 =120%

Der Zinsdeckungsgrad

Diese Kennzahl gibt Auskunft darüber, ob das jeweilige Unternehmen in der Lage ist, die Zinsen der aufgenommenen Kredite an das Kreditinstitut zurückzuzahlen. Dafür wird der Gewinn beziehungsweise das Betriebsergebnis vor dem Abzug der Zinsen und Steuern (EBIT - Earnings before Interests and Taxes) in das Verhältnis mit den für das Fremdkapital zu zahlenden Zinsen gesetzt.

$$Zinsdeckungsgrad = \frac{EBIT}{Zinsaufwand}$$

Rechenbeispiel:

EBIT = 2.500.000 Euro

Zinsaufwand = 850.000 Euro

$$Zinsdeckungsgrad = \frac{2.500.000\ Euro}{850.000\ Euro} = 2{,}9$$

Aus dem Ergebnis geht hervor, dass das Unternehmen bei einem Gewinn vor dem Abzug von Zinsen und Steuern von 2.500.000 Euro und bei einem Zinsaufwand von 850.000 Euro, 2,9 Mal soviel erwirtschaftet, wie dieses benötigt, um die Zinsen für das Fremdkapital zu zahlen. Weist ein Unternehmen ein Zinsdeckungsgrad von unter 1 auf, so bedeutet dies unter Umständen, dass dieses in der Zukunft Zahlungsschwierigkeiten haben wird.

Die Liquiditätsgrade

Die Unterteilung von Unternehmen in Liquiditätsgrade, gibt Aufschluss darüber, in welchem Umfang Unternehmen in der Lage sind, kurzfristigen Verbindlichkeiten (Schulden beziehungsweise Zahlungsverpflichtungen) mit den vorhandenen finanziellen Mitteln nachzukommen. Grundsätzlich wird zwischen drei Liquiditätsgraden unterschieden: der Liquidität ersten, zweiten und dritten Grades. Zu erwähnen ist, dass alle Grade nur die in der Bilanz aufgeführten Zahlungsverpflichtungen berücksichtigen.

Die Liquidität ersten Grades wird auch als Cash Ratio bezeichnet und betrachtet die flüssigen Mittel, also den Kassenbestand, Bundesbankguthaben, Guthaben bei anderen Kreditinstituten sowie Schecks und veräußerbare Wertpapiere und setzt diese ins Verhältnis mit den kurzfristigen Verbindlichkeiten. Dazu zählen unter anderen die Verbindlichkeiten aus Lieferungen und Leistungen.

$$Cash\ Ratio = \frac{flüssige\ Mittel}{kurzfristige\ Verbindlichkeiten}$$

Beträgt das Ergebnis aus der oben aufgeführten Rechnung über 100 %, so ist das Unternehmen in der Lage alle kurzfristigen Verbindlichkeiten allein durch die Verwendung der liquiden Mittel zu begleichen, was diesem dementsprechend eine hohe Zahlungsfähigkeit bescheinigt. In der Praxis sind jedoch Werte zwischen 10 % und 30 % normal, da kurzfristige Verbindlichkeiten in der Regel auch durch die Forderungen gegenüber Lieferanten, etc. und / oder Vorräte gedeckt werden können.

Die Liquidität zweiten Grades, die auch Quick Ratio genannt wird, berücksichtigt abgesehen von den flüssigen Mitteln auch die kurzfristigen Forderungen. Aus eben diesem Grund sind für Unternehmen Werte zwischen 100 % und 120 % erstrebenswert, da, anders als bei der Liquidität des ersten Grades, die Forderungen nun direkt in die Rechnung mit einbezogen werden und nicht mehr gesondert zum Begleichen von Verbindlichkeiten zur Verfügung stehen. Werte unter 100 % können ein Indiz dafür sein, dass das Unternehmen seinen Verbindlichkeiten nicht nachkommen kann und somit die Zahlungsfähigkeit desselben gefährdet ist.

$$Quick\ Ratio = \frac{flüssige\ Mittel + kurzfristige\ Forderungen}{kurzfristige\ Verbindlichkeiten}$$

Quick Ratio = flüssige Mittel+kurzfristige Forderungen

Die Liquidität dritten Grades oder Current Ratio wird auf gleiche Weise wie die Quick Ratio berechnet, jedoch werden auch die Vorräte miteinbezogen. Die Current Ratio sollte mindestens bei 120% liegen. Liegt diese unter 120 % so bedeutet dies, dass eine kurzfristige Finanzierung des Anlagevermögens stattgefunden hat, obwohl dieses nach den gültigen Bilanzregeln langfristig finanziert werden muss.

$$Current\ Ratio = \frac{flüssige\ Mittel + kurzfristige\ Forderungen + Vorräte}{kurzfristige\ Verbindlichkeiten} = 2{,}9$$

Nichtsdestotrotz können die Liquiditätsgrade keine als sicher anzunehmende Entwicklung über die Liquidität von Unternehmen in Aussicht stellen. Das liegt daran, dass weitere Zahlungsströme, die bisher noch nicht bilanziert wurden, nicht betrachtet werden.

In dem vorangegangenen Abschnitt wurde viel von flüssigen Mitteln (auch: liquide Mittel) gesprochen. Diese sind im Allgemeinen solche Zahlungsmittel, die dem Unternehmen zur sofortigen Verwendung bereitstehen. Neben dem Bargeld zählen auch Bankguthaben und Schecks zu den liquiden beziehungsweise flüssigen Mitteln. Hinsichtlich der Höhe der liquiden Mittel, die einem Unternehmen zur Verfügung stehen sollten, ist festzuhalten, dass es hier stark auf die Branchenangehörigkeit beziehungsweise Geschäftstätigkeit ankommt. Damit nicht die Zahlungsunfähigkeit droht und alle laufenden Ausgaben, wie beispielsweise die Miete von Geschäftsräumen oder die Gehaltszahlungen, beglichen werden können, müssen also stets liquide Mittel vorhanden sein.

DAS DEPOT UND EINIGE, RENOMMIERTE ANLAGESTRATEGIEN

DIE WICHTIGSTEN GRUNDLAGEN SOLLTE DER Leser nun, nach der Lektüre der ersten drei Kapitel, verinnerlicht haben, sodass nun mit den ersten Schritten an der (Wertpapier-) Börse begonnen werden kann. Ziel dieses Kapitels ist es, den Leser an die Hand zu nehmen und diesem alle wichtigen Schritte aufzuzeigen, von der Eröffnung eines Depots für den Handel von Aktien bei einer Bank oder einem Broker, bis hin zu dem Kauf von Aktien

Was ist ein Depot?

Im ersten Schritt an der Börse geht es zunächst darum, ein Wertpapier-Depot bei einer Bank zu eröffnen. Über dieses Depot werden die vom Aktionär gewünschten Aktien gekauft, verkauft oder an einen anderen Inhaber übertragen. Auf dem Guthaben des Depots, bei dem es sich um ein Bestandskonto handelt, werden die virtuellen Wertpapiere gutgeschrieben. In physischer Form liegen diese also weder bei der Bank, noch bei dem Aktionär vor, sondern werden ausschließlich über IT-Systeme verwaltet.

Neben den normalen Einzeldepots gibt es auch solche, die von mehreren Personen genutzt werden können. Hier haben beide Inhaber die Möglichkeit, ohne die Zustimmung des anderen mit Wertpapieren zu handeln. Nutzen beispielsweise Eheleute das Gemeinschaftsdepot, so wird die steuerliche Abrechnung erleichtert.

Die Kosten eines Depots

Oft werden die Begriffe Depot und Portfolio synonym verwendet. Diese Gleichsetzung der zwei Begrifflichkeiten ist jedoch falsch. Ein Depot ist der (virtuelle) Aufbewahrungsort für Wertpapiere, welches diese außerdem verwaltet. Ein Portfolio hingegen umfasst viele verschiedene Anlageformen. Es kann sich aus dem Wertpapierdepot, sprich aus Aktien, Fonds, Anleihen und Zertifikaten; Einlagen des Tagesgeld- und Festgeldkontos; Edelmetallen und Immobilien zusammensetzen. Es kommt logischerweise stets darauf an, was erworben wurde, sprich ob dies Wertpapiere wie Aktien oder Anleihen oder Immobilien, etc. sind. Grundsätzlich kann ein Portfolio alles umfassen, was eine zukünftige Wertsteigerung in Aussicht stellt.

Da es sich bei einem Depot um eine Dienstleistung handelt, die von Banken zur Verfügung gestellt wird, fallen für die Kunden dementsprechend Kosten an, die hier betrachtet werden sollen. Allerdings ist festzuhalten, dass die Kosten beziehungsweise das Kostenmodell je nach dem Anbieter stark abweichen.

Der Unterschied zwischen Direktbanken und online Brokern besteht darin, dass die ersten neben dem Handel mit Wertpapieren über das Depot auch weitere Finanzdienstleistungen anbieten. Dazu gehört zum Beispiel die zur Verfügungsstellung eines Verrechnungskontos in Form eines Giro- oder Tagesgeldkontos. Über dasselbe werden dann direkt die Gebühren, die für die Depotführung sowie die Durchführung von Trades anfallen (können), berechnet. Viele online Broker hingegen haben keine Bankenlizenz, sodass diese keine Konten, sondern lediglich das Depot anbieten. Es gibt aber auch solche, die durchaus über eine solche Lizenz verfügen und dementsprechend auch (Verrechnungs-) Konten anbieten. Bei den online Brokern, die über keine Bankenlizenz verfügen, kann ein Giro- oder Tagesgeld bei einer Partner-Bank desselben beantragt und als Verrechnungskonto genutzt werden. Besteht die Wahl zwischen Tagesgeld- und Girokonto, so empfiehlt es sich, das Tagesgeldkonto als Verrechnungskonto des Depots zu nutzen, um von der Verzinsung des Guthabens zu profitieren.

Es empfiehlt sich logischerweise, sich für das Depot mit den günstigsten Konditionen zu entscheiden, schließlich soll mit dem Aktienhandel Geld verdient werden.

Die Depotführungsgebühren

Je nach der Bank, bei der das Depot eröffnet wird, werden diese Gebühren in Abhängigkeit von dem Volumen des Depots oder auch durch eine fixe Summe berechnet. Einige Anbieter, wie Direktbanken und online Broker, ermöglichen den Kunden jedoch eine kostenlose Depotführung. Hier gilt es abzuwägen, welche Bank oder welcher Broker die attraktivsten Konditionen bietet.

Die Handelsgebühren

Auch bei den Handelsgebühren, die von den Anbietern immer dann erhoben werden, wenn eine Aktie gekauft oder verkauft wird, ist es ratsam, zahlreiche Banken und Broker miteinander zu vergleichen.

Die Übertragung des Depots

Die Übertragung des Depots ist zumindest in Deutschland grundsätzlich mit keinerlei Kosten verbunden. Für Aktionäre, die bereits seit längerer Zeit ein Depot bei einem vergleichsweise teuren Anbieter besitzen, können dementsprechend eine Depotübertragung durchführen, um von besseren Konditionen zu profitieren.

Die Sicherheit des Depots

Interessant zu wissen ist, was mit den Aktien der Kunden beziehungsweise Anlegern geschieht, wenn eine Bank oder ein Broker, Insolvenz anmeldet, sprich pleite geht. Im Normalfall sind Aktiendepots beziehungsweise deren Inhaber in Deutschland gut geschützt. Zunächst ist festzuhalten, dass Girokonten stets mit einer Einlagensicherung von 100.000 Euro zählen. Geht die Bank also pleite, so erhalten die Kunden der Bank Beträge bis zu 100.000 Euro komplett zurückerstattet. Bei Wertpapieren ist das allerdings anders, denn diese befinden sich zwar im Besitz der Bank oder des Brokers, die die Aktien jedoch nicht weiter verleihen, sondern lediglich für deren (virtuelle) Aufbewahrung zuständig sind. Auch eine Verpfändung der Wertpapiere darf von der Bank nicht vorgenommen werden. Mit anderen Worten spielt es für Anleger nur eine untergeordnete Rolle, ob die Bank, bei der die Wertpapiere innerhalb des Depots aufbewahrt werden, pleite geht, denn die Wertpapiere gehen nicht verloren, sondern welchseln lediglich das Depot.Das liegt daran, dass dem Eigentümer der Wertpapiere im Falle einer Insolvenz des Verwahrers ein Anspruch auf Herausgabe zusteht. Es gibt allerdings einen Sonderfall, der hier ebenfalls erwähnt werden soll. Hat ein Anleger die Aktien einer Bank im Aktiendepot derselben, wenn diese Insolvenz anmeldet, so unterliegen diese nicht der Einlagensicherung und verlieren dementsprechend ihren Wert. Es kann zu einem Totalverlust kommen. Dieses Schicksal müssen jedoch nicht nur die Aktionäre der Bank erleiden, die die Wertpapiere auf dem Depot derselben aufbewahren, sondern alle Mitinhaber, sprich Aktionäre, der Bank.

Praktisch - Das Musterdepot

Einige Banken und online Broker bieten ihren Kunden die Möglichkeit, Aktien zu handeln, ohne dabei echtes Geld aufs Spiel zu setzen. Logischerweise kann so auch kein Geld hinzugewonnen werden. Allerdings ist dies eine interessante Option, die jeder Beginner nutzen sollte, um erste Erfahrungen mit dem Handel von Aktien zu sammeln. Auf diese Weise kann nicht nur geschaut werden, ob der Handel mit Aktien erfolgreich verlaufen würde, sondern ebenso ein Blick auf die verschiedenen Möglichkeiten eines Depots und dessen Funktionsweise geworfen werden. In aller Regel stellen Musterdepots die Entwicklungen des realen Aktienmarktes dar und bieten so einen guten Einstieg in die Welt des Handels mit Wertpapieren. Über ein solches Musterdepot können Anleger verschiedene Strategien erproben und die Entwicklung der in der Simulation erworbenen Aktien genau verfolgen. Ein weiterer Vorteil an diesen Simulationen ist, dass die Anleger sich so mit den Gebühren vertraut machen können, um so zu ermitteln, wie viel Rendite durch dieselben verloren geht. Durch die Registrierung bei mehreren Banken oder Brokern können außerdem die Kosten der Depotführung und die für die Transaktionen verglichen werden. Als interessant ist auch das Angebot vieler Broker zu bewerten, welches Anlegern kostenlose Schulungsmaterialien zu Verfügung stellt. Doch was ist bei der Wahl von Bank oder Broker zu beachten? Mehr dazu im folgenden Unterkapitel.

Im Hinblick auf die Finanzkrise, bei der zahlreiche Anleger viel Geld verloren haben, da diese schlichtweg falsch von den Mitarbeitern der Banken beraten wurden, ist es heutzutage für die Banken gesetzlich verpflichtend ein Beratungs-Protokoll anzulegen. Natürlich nur, wenn es eine Beratung gegeben hat. Bei online Broker und Direktbanken findet diese in der Regel nicht statt. Das Protokoll dient dazu, die Beratung zu bewerten beziehungsweise dazu, festzustellen, ob Anleger hinsichtlich des Risikos, welches diese einzugehen bereit sind, ausreichend informiert wurden.

Die Wahl der Bank beziehungsweise des Brokers

Die erste Frage, mit der sich hinsichtlich der Wahl der Bank oder des Brokers auseinandergesetzt werden sollte, ist, ob der Aktienhandel möglichst günstig, sprich mit niedrigen Gebühren, oder doch etwas teurer, dafür jedoch mit persönlichem Kontakt zu Mitarbeitern des Anbieters, durchgeführt werden soll. Klassische Banken bieten Anlegern die Möglichkeit, sich vor Ort in der Filiale direkt von einem Berater betreuen und informieren zu lassen. Dieser kann im Hinblick auf Chancen und Risiken von Aktien und über Anlagestrategien aufklären. Im Vergleich zu den Dienstleistungen von Direktbanken oder online Brokern sind die Finanzdienstleistungen rund um den Handel mit Aktien, die von den herkömmlichen Banken angeboten werden, grundsätzlich teurer. Das liegt vor allem daran, dass sich online Broker und Direktbanken ausschließlich auf das Geschäft im Internet konzentrieren und den Kunden nicht die Möglichkeit der persönlichen Beratung in der Filiale bieten. Nicht nur im Hinblick auf die Kosten und Gebühren können die Anbieter aus dem Internet punkten. Auch in Sachen Flexibilität sind diese von Vorteil. Die Aktiendepots bei diesen Anbietern können rund um die Uhr über das World Wide Web abgerufen werden und die Abwicklung erfolgt meist deutlich schneller und einfacher. Nichtsdestotrotz lohnt es sich stets zu vergleichen.

Ausgiebig vergleichen - Worauf kommt es an?

Da die Kosten- beziehungsweise Gebührenmodelle sehr stark voneinander abweichen können, sollte dringend ein umfangreicher Vergleich angestellt werden. Dafür ist es wichtig, bereits im Voraus zu wissen, wie viel Aktien pro Monat gehandelt werden sollen. Es existieren Anbieter, die den Kunden mehrere kostenlose Kaufaufträge pro Monat versprechen. Dies nützt nur wenig, wenn die Aufträge, die darüber hinaus gehandelt werden mit saftigen Gebühren versehen sind, die deutlich die zu erwartende Rendite schmälern. Ebenfalls gibt es, wie bereits angemerkt, Anbieter, bei denen die Führung des Depots überhaupt nichts kostet. Dort sind jedoch die Gebühren meist erhöht, um dieses auszugleichen. Kurz zusammengefasst gibt es zahlreiche Anbieter, die sich stark in ihren Kostenmodellen unterscheiden. Da ist es nicht immer einfach den Überblick zu behalten. Praktisch ist es, sich auf einer Vergleichsseite im Internet zu informieren, welcher Anbieter, die individuell am besten passenden Konditionen bietet. Hier kann das zu erwartende Nutzerverhalten angegeben werden, sodass basierend auf demselben der passende Broker beziehungsweise die passende (Direkt-) Bank ermittelt wird. Zu dem Nutzerverhalten zählt die Anzahl der abzuwickelnden Käufe und Verkäufe von Aktien sowie die Höhe der in Auftrag gegebenen Kauf- und Verkaufsaufträge. Es wird also ermittelt, ob es sich um einen Kleinanleger, der bis zu zehn Kauf- beziehungsweise Verkaufsaufträge jährlich durchführt, um einen Anleger, der mehrmals pro Jahr sein Depot umschichtet, also Aktien kauft und verkauft, oder um einen Anleger, der besonders aktiv ist, handelt. Je nachdem, um welchen Typ von Anleger es sich gemessen an der Zahl der Kauf- oder Verkaufsordern und an der Höhe derselben handelt, kommen andere Broker infrage. Für einen Kleinanleger, der lediglich fünf Trades im Jahr tätigt, lohnt sich ein Depot mit hohen, fixen Kosten nicht. Für Anlegern, die hingegen oft neue Aktien kaufen und alte verkaufen, wäre es von hohem Nachteil, sich für ein Depot zu entscheiden, welches die Trades mit prozentualen Gebühren versieht.

Die Vergleichskriterien im Überblick

Hier sollen nun die wichtigsten Vergleichskriterien für die Wahl des Brokers übersichtlich aufgeführt werden. Neben den Gebühren wird auch ein Blick auf weitere, wichtige Merkmale geworfen, wie beispielsweise den Kundenservice.

Die Depotgebühr: Diese wird nicht von allen Broker erhoben, zum großen Vorteil für Kleinanleger, die nur wenige Trades im Monat tätigen möchten und so viel Geld sparen können. Für diese ist es von Vorteil, einen Broker zu wählen, der die Gebühr für das Depot prozentual von der Summe aller in einem bestimmten Zeitraum getätigten Transaktionen erhebt.

Die Ordergebühr: Im Hinblick auf die Ordergebühr ist festzuhalten, dass diese je nach Broker in Prozent, also je nach der Höhe des getätigten Trades festgelegt ist. Es gibt jedoch auch Anbieter, die pro Order einen Festpreis berechnen. Es richtet sich also nach der Höhe der Trades, welche Abrechnung (prozentual oder per Festpreis) vorteilhaft ist. Werden oftmals hohe Trades getätigt, so ist logischerweise die Abrechnung der Ordergebühr per Festpreis zu empfehlen. Andersherum kann sich die prozentuale Abrechnung lohnen, wenn Trades in geringerer Höhe getätigt werden.

Die Handelsplatzkosten: Grundsätzlich sehen sich Anleger, die über Aktien verfügen, die an der deutschen Börse gehandelt werden, mit vergleichsweise niedrigen Handelsplatzkosten konfrontiert. Diese werden von den Börsen für den Kauf von Aktien erhoben. Ein Vergleich lohnt sich definitiv, da viele Broker spezielle Konditionen mit den Börsen ausgehandelt haben.

Der Kundenservice: Um bei der Wahl des Brokers nicht nur den günstigsten, sondern den mit dem besten, kundenfreundlichsten Service zu wählen, sollte genau geschaut werden, welche Hilfestellung den Kunden geboten wird. Wichtig ist die telefonische Erreichbarkeit zu den üblichen Geschäftszeiten sowie die Möglichkeit der Kontaktaufnahme über das Internet (E-Mail und Chat).

Die Auszeichnungen: Oft lassen sich seriöse Broker, die durch ein attraktives Angebot überzeugen, bereits an diversen Auszeichnungen erkennen. Verschiedene Wirtschafts- und Finanzmagazine testen regelmäßig das Angebot und die Konditionen von Brokern und bewerten diese dementsprechend. Logischerweise ist die Wahl eines Brokers zu empfehlen, der in der Vergangenheit bereits mehrfach ausgezeichnet wurde. Natürlich muss das Angebot zu den persönlichen Vorstellungen beziehungsweise Anlageverhalten passen.

Im Zusammenhang mit dem Handel von Aktien (und anderen Wertpapieren) fällt oft der Begriff Trade. Hier handelt es sich um Transaktionen, die an der Börse durchgeführt werden. Der Kauf einer Aktie stellt also genauso einen Trade dar, wie auch der Verkauf. Der Begriff stammt aus dem Englischen und beschreibt den Handel mit Finanzinstrumenten. Personen, die Trades ausführen, können als Trader bezeichnet werden. Theoretisch sind alle Aktionäre, sprich Personen die Anteile an einer Aktiengesellschaft erworben haben, Trader. Besonders gebräuchlich ist der Begriff jedoch für Anleger, die besonders aktiv mit Wertpapieren handeln. Sogenannte Day-Trader kaufen und verkaufen Wertpapiere innerhalb eines Tages, um so von kurzzeitigen Kursschwankungen zu profitieren. Herkömmliche Anleger hingegen orientieren sich eher langfristig und gehen weniger spekulativ bei der Wahl der Aktien vor.

Kundenmeinungen: Auch die Meinungen beziehungsweise Bewertungen von Kunden sollten als Auswahlkriterium in die Entscheidung, über welchen Broker mit Aktien gehandelt werden soll, miteinfließen. In Internetforen finden sich zahlreiche Beiträge, in denen sich Kunden austauschen und ihre Erfahrungen mit den verschiedenen Brokern kundtun. Hier kann bereits einiges über den Kundenservice und ebenso über die Gebühren in Erfahrung gebracht werden. Es sollte allerdings darauf geachtet werden, dass die dort veröffentlichten Informationen aktuell und objektiv sind.

Seriöse Broker erkennen

Unabhängig von der vom Broker oder der Direktbank versprochenen Finanzdienstleistungen, ist es wichtig, dass es sich um einen seriösen Anbieter handelt. Dafür ist auch der Sitz der Firma entscheidend. Seriöse Broker sollten ihren Sitz stets innerhalb der Grenzen der Europäischen Union haben, da hier einheitliche Regelungen für alle Finanzdienstleister gelten. Allerdings ist die Regulierung und Kontrolle Aufgabe der nationalen Finanzaufsichtsbehörden, die die Einhaltung der Regeln überwachen und sicherstellen. Als besonders streng gelten die britische Aufsichtsbehörde FCA sowie die deutsche BaFin und die Finanzmarktaufsicht aus den Niederlanden. Im Hinblick auf das Verrechnungskonto, welches meist neben dem Depot angelegt werden muss und über das die Gebühren für die Depotführung und die getätigten Trades beglichen werden, ist bedeutend, dass dieses durch einen staatlichen Einlagensicherungsfonds geschützt ist. Ebenso zeugt eine Trennung der Einlagen von dem Vermögen des Anbieters von dessen Seriosität. Ist dem nicht so, so sind die Anleger im Falle einer Insolvenz nicht vor Verlusten geschützt, denn die Gelder derselben würde direkt mit in die Insolvenzmasse fließen.

Die Anmeldung beziehungsweise Registrierung bei einem Broker / einer Direktbank

Ist der richtige, den individuellen Bedürfnissen entsprechende Anbieter, sprich Direktbank oder Broker gefunden, so muss sich dort zunächst registriert werden, um mit dem Handel von Aktien über das Depot beginnen zu können.

Die große Mehrheit aller Broker gibt Neukunden die Möglichkeit, sich direkt auf der Internetseite desselben zu registrieren. Der Antrag für die Eröffnung des Depots beziehungsweise der dazu gehörigen Verrechnungskonten (sollte es sich um einen Broker mit Banklizenz handeln), wird am Computer ausgefüllt und elektronisch an den Broker übermittelt. In seltenen Fällen kann es erforderlich sein, den Antrag auszudrucken, mit der Unterschrift zu versehen und dem Broker auf dem postalischen Wege zukommen zu lassen. So wie es der Gesetzgeber vorschreibt, müssen im Rahmen der Antragsstellung einige Fragen im Hinblick auf Erfahrungen im beratungsfreien Handel beantwortet werden. Ebenso muss Auskunft über die aktuellen Vermögensverhältnisse und die Einkommenssituation gegeben werden. Die Eröffnung des Verrechnungskontos erfolgt automatisch zusammen mit der des Depots, außer natürlich es wird sich für einen Broker ohne Bankenlizenz entschieden. Hier muss zunächst ein Verrechnungskonto bei einer Partner-Bank eröffnet werden.

Danach folgt die Prüfung der Identität der Person, die die Einrichtung des Depots beantragt. Viele Broker nutzen das sogenannte PostIdent Verfahren, beidem ein Mitarbeiter der Deutschen Post die Identität des Antragsstellers unter Vorlage des Lichtbildausweises zweifelsfrei überprüft. Neuerdings wird jedoch immer häufiger das VideoIdent Verfahren zur Feststellung der Identität angeboten. Für die Kunden ist dies deutlich bequemer. Das Haus oder die Wohnung muss dafür nicht verlassen werden und die Freischaltung des Kontos erfolgt deutlicher schneller und unkomplizierter. Über ein Videotelefonat prüfen Mitarbeiter die Identität des Antragsstellers innerhalb weniger Minuten. Soll ein Gemeinschaftsdepot eröffnet werden, so müssen dementsprechend beide Personen anwesend sein und die Identität bestätigen.

Nach erfolgreichem Abschluss der Identifizierung folgt dann die Zustellung der erforderlichen Unterlagen (Vertragsunterlagen, Zugangsdaten sowie Transaktionsnummern) per Post. Über die Eingabe der Zugangs- beziehungsweise Logindaten kann auf das online Depot zugegriffen werden. Die Transaktionsnummern dienen der Sicherheit und sind stets im Rahmen von Trades anzugeben, um sicherzustellen, dass, falls es zu einem Fremdzugriff kommt, keine Transaktionen getätigt werden können.

Strategien vor dem Kauf der Aktien

Nach der Eröffnung des Depots und dem dazugehörigen Verrechnungskonto bei einem online Broker oder einer Direktbank, könnte bereits mit dem Kauf von Aktien begonnen werden. Dies erfolgt über die Benutzeroberfläche der Direktbank oder des online Brokers. Allerdings ist es nicht nur sinnvoll, sondern dringend zu empfehlen, über eine (Aktien-) Strategie zu verfügen, an die sich gehalten wird. Auch bei dem Aktienhandel gilt, dass fast jede Strategie besser ist, als überhaupt keine zu verfolgen. Im Verlauf dieses Buches wurde bereits mehrfach betont, dass Langfristigkeit wichtig für den Erfolg der Geldanlage in Wertpapiere ist. Kurzzeitige Kursschwankungen sollten dementsprechend „ausgesessen" werden, auch, um häufiges Umschichten des Depots zu vermeiden, denn schließlich mindern die anfallenden Gebühren die Rendite. Ebenso von Bedeutung ist es, dass durch den Kauf von verlockenden Aktien, die in aller Munde sind und zumindest vermeintlich eine Aussicht auf eine hohe Rendite bieten, die langfristig angesetzte Aktienstrategie nicht verworfen wird. Längerfristig betrachtet zahlt es sich in den meisten Fällen aus, nicht nach Lust und Laune eine Aktie nach der anderen zu kaufen und kurzfristig wieder zu verkaufen. Eine gute Anlagestrategie und viel Durchhaltevermögen sind also entscheidende Faktoren für eine gewinnbringende Geldanlage in Unternehmensanteile. Die Frage ist also, wie eine gute Anlagestrategie gefunden beziehungsweise ausgemacht wird, denn schließlich gibt es nahezu unendlich viele, die allesamt versprechen, große Erfolge an der Börse zu erzielen. Gleich von Anfang an soll hier festgehalten werden, dass einige besonders komplex sind und nur von wirklich erfahrenen Anlegern angewandt werden sollten, für andere wiederum bedarf es der Nutzung von Computer-Programmen. Auf diese überaus komplexen und komplizierten Strategien soll hier nicht im Detail eingegangen werden. Stattdessen werden solchen betrachtet, die auch von Einsteigern genutzt werden können.

Die Relative Stärke Strategie

Die erste Strategie, die hier im Rahmen des Buches vorgestellt werden soll, ist die der relativen Stärke, die sich in der Vergangenheit häufig als erfolgreich herausgestellt hat. Es handelt sich um ein System zur Berechnung der Entwicklung einer Aktie im Vergleich zu dessen vergangener Performance. Das Ergebnis der Berechnung gibt dann Aufschluss darüber, ob eine Aktie in ihrem Wert steigt beziehungsweise einen Aufwärtstrend verzeichnet oder das Gegenteil. Die Strategie wurde von Robert Levy entwickelt und baut auf der Annahme beziehungsweise der (zumindest in der Vergangenheit festgestellten) Tatsache auf, dass Aktien, die innerhalb des vorangegangenen Jahres an Wert gewonnen haben, auch weiterhin Kursgewinne verzeichnen werden. Die Strategie basiert also in anderen Worten formuliert, auf der Annahme, dass die Faktoren, die für die positive Entwicklung verantwortlich waren, auch in der Zukunft Bestand haben werden. Vor allem vor dem Hintergrund, dass viele Einsteiger, die nur wenig oder gar keine Erfahrung mit dem Aktienhandel haben, zu Beginn die Aktien kaufen, die niedrig im Kurs stehen und auf einen erneuten Anstieg spekuliert wird, ist diese Strategie interessant. Es wird fälschlicherweise davon ausgegangen, dass der Kurs der Aktie nicht noch tiefer fallen kann und sich kurz- bis mittelfristig wieder erholen wird. Wird die Geschichte der Börse beziehungsweise der Aktien betrachtet, so wird jedoch festgestellt, dass es sich in der Regel so verhalten hat, dass Aktien, die in der Vergangenheit an Wert gewonnen haben, dies auch in der Zukunft tun werden. Dementsprechend haben Aktien, die bereits zuvor an Wert eingebüßt hatten, nur äußerst selten eine positive Entwicklung des Kurses verzeichnen können. Die Strategie der relativen Stärke ermöglicht es Anlegern, die Aktien innerhalb eines Index, beispielsweise des Deutschen Aktien Index (DAX), direkt miteinander zu vergleichen, nach ihrer relativen Stärke zu sortieren und gemäß dieser einen Kauf zu tätigen.

Der erste Schritt der befolgt werden sollte, beschreibt die Definition des sogenannten Anlageuniversums. Dieses kann einzelne Länder aber auch Regionen oder die ganze Welt umfassen. Ebenso kann das Anlageuniversum einem Index entsprechen. Grundsätzlich ist festzuhalten, dass sich große Indizes besser für einen Vergleich von Aktien unter Verwendung der Strategie der Relativen Stärke eignen. Ist der Index beziehungsweise das Universum der Wahl, innerhalb desselben die Aktien hinsichtlich ihrer Entwicklung verglichen werden soll, gefunden, so müssen nun im zweiten Schritt die erfolgversprechendsten Aktien ermittelt werden. Danach folgt die Erstellung einer Rangliste, in der die Aktien des Index nach ihrer relativen Stärke sortiert werden. Zunächst muss die relative Stärke der gewählten Aktien jedoch berechnet werden, um diese dann miteinander vergleichen zu können.

Berechnung der relativen Stärke

Für die Berechnung derselben werden Informationen benötigt. Aus den Monatsschlusskursen der vergangenen 60 Wochen, sprich 15 Monaten, aller im Index vertretenen Aktien, wird der Durchschnittswert berechnet. Festzuhalten ist, dass auch kürzere aber ebenso längere Perioden betrachtet werden können. Der aktuelle Kurs der Aktie wird dann im Rahmen der Berechnung durch den Durchschnitt der Monatsschlusskurse desselben dividiert. Die Rechnung wird für jede im Index aufgelistete Aktie wiederholt

$$Relative\ Stärke = \frac{Aktueller\ Aktienkurs}{Durchschnitt\ der\ letzten\ 15\ Monatsschlusskurse}$$

Werte, die unter 1,0 liegen, zeigen also, dass der aktuelle Kurs einer Aktie unter dem Durchschnittskurs der letzten 15 Monate liegt. Solche, die über 1,0 liegen, verzeichnen einen Kursanstieg im Vergleich zu dem Durchschnitt.

Beispielrechnung:

Im Rahmen der Beispielrechnung wird lediglich die Aktie der Volkswagen AG betrachtet, anstatt alle Unternehmen des Deutschen Aktien Index miteinander zu vergleichen. Wichtig ist, dass der Leser die Vorgehensweise versteht beziehungsweise verinnerlicht.

In der Tabelle sind die Monats-Schlusskurse der vergangenen 15 Monate aufgeführt.

Volkswagen Vz	Monat	Erster	Hoch	Tief	Schluss	Veränderungen
2017	Januar	133,2	156,45	132,4	144,65	8,56%
	Februar	145,25	148,78	137,25	139,93	-3,26%
	März	140,51	146,05	32,98	136,47	-2,47%
	April	136,89	146,63	130,28	145,35	6,51%
2017	Mai	145,97	146,49	133,6	134,71	-7,32%
	Juni	135,12	139,13	129,6	133,21	-1,11%
	Juli	133,26	145,88	129,88	129,9	-2,48%
	August	130,46	132,33	124,8	125,55	-3,35%
	September	126,85	141,73	125,95	137,55	9,56%
	Oktober	137,74	157,23	136,38	156,3	13,63%
	November	163,72	178,61	153,73	178,61	14,27%
	Dezember	174,18	176,35	166,18	166,71	-6,66%

2018	Januar	166,8	192,46	161,48	177,02	6,35%
	Februar	178,52	181,62	158,06	161,12	-8,98%
	März	160,6	163,8	151,32	161,38	0,16

Quelle: https://www.boerse.de/historische-kurse/Volkswagen-Vz-Aktie/DE0007664039

Die Schlusskurse der einzelnen Monate sind in der Spalte „Schluss" zu finden. Aus diesen wird der Durchschnittswert der letzten 15 Monate berechnet.
Durchschnittswert = 148,564

Nun muss lediglich noch der aktuelle Kurs der Volkswagen Aktien ermittelt werden, um diesen durch den Durchschnittswert zu dividieren. Dieser wird kinderleicht über das Internet ermittelt.

Quelle: google

Die Berechnung der relativen Stärke der Volkswagen Aktie sieht also folgendermaßen aus.

$$Relative\ Stärke\ VW\ Aktie = \frac{147{,}10}{158{,}564} = 1{,}172$$

Nach der Berechnung der relativen Stärken aller im Index gelisteten Aktien, wird eine Rangfolge erstellt, aus der dann die besten gewählt und gekauft werden. Erwähnenswert ist hier noch, dass sich Anleger durch die Überwachung dieser Rangliste vor starken Kursverlusten absichern können. Dafür ist es unerlässlich, die Liste regelmäßig einer Aktualisierung zu unterziehen. Aktien die deutlich an Wert verloren haben, sollten „aussortiert", sprich verkauft werden, um den Verlust gering zu halten. Diese werden dann durch andere ersetzt, die sich nun hoch oben in der Rangliste der relativen Stärke befinden.

Stärken und Schwächen der Strategie

Das Ergebnis, sprich die relative Stärke, gibt also Aufschluss darüber, dass sich die beispielhaft betrachtete Aktie von Volkswagen innerhalb der letzten 15 Monate in einer Aufwärtsbewegung befindet, sich also positiv entwickelt. Zum Glück ist es nicht erforderlich die Berechnung der relativen Stärke für alle Aktien eines Index durchzuführen, da diese in Fachmagazinen und auch im Internet aufgeführt und ebenfalls danach sortiert werden. Es gilt, die Aktien mit der höchsten relativen Stärke zu wählen. Allerdings ist auch die Strategie von Levy kein Garant dafür, dass die Aktie sich tatsächlich weiterhin positiv entwickelt.

Großer Vorteil der Strategie der relativen Stärke ist, dass diese leicht zu verstehen und anzuwenden ist. Außerdem werden Emotionen außen vorgelassen und rein nach den Ergebnissen der Berechnung vorgegangen. Als negativ zu bewerten ist, dass die Aktien, die eine hohe relative Stärke aufweisen, bereits stark in ihrem Wert gestiegen sind, somit teurer sind und eventuell vor einem Kurseinbruch stehen.

Kurzes Fazit zur Strategie der relativen Stärke

Um die zukünftige Entwicklung einer Aktie besser einzuschätzen, sollten auch einige der vorher vorgestellten Kennzahlen zur Bewertung derselben miteinbezogen werden. Zumindest das Kurs- Umsatz- und das Kurs-Gewinn-Verhältnis sind einfach zu ermitteln und geben weitere nützliche Informationen.

Die Markenstrategie

Bei der Markenstrategie handelt es sich um eine etwas kompliziertere, konservative Strategie für die Geldanlage in Aktien. Wichtig ist, wie bei nahezu allen Strategien am Aktienmarkt, dass diese langfristig durchgeführt wird. Hier geht es darum, die Aktien von bekannten und in der Vergangenheit erfolgreichen Markenunternehmen zu kaufen und zwar zu einem möglichst günstigen Preis. Da von diesem schließlich die zu erwartende Rendite abhängt. Der Fokus wird im Rahmen dieser Strategie auf die starken Marken gelegt, da diese auch in Zeiten der Inflation (Geldentwertung) eine erhöhte Stabilität bieten. Durch die Erhöhung der Preise, die diese leichter als kleinere Unternehmen beziehungsweise weniger starke Marken durchsetzen können, sind die starken Marken dementsprechend wettbewerbsfähiger. Um diese starken Unternehmen auszumachen, ist eine methodische Vorgehensweise ratsam. Ein Fragenkatalog kann weiterhelfen, eine Einschätzung vorzunehmen.

Da gerade von der Cash Flow Marge gesprochen wurde und der Begriff Marge im weiteren Verlauf dieses Buches erneut Verwendung findet, soll kurz erläutert werden, worum es sich handelt. Grundsätzlich wird der Begriff genutzt, um Gewinnspannen zu beschreiben. Beispielsweise die EBIT- Marge, die weiter unter erwähnt wird, gibt das Verhältnis zwischen dem Gewinn vor dem Abzug von Steuern und Zinsen, also dem EBIT, und den Umsatzerlösen an. Die Cash Flow Marge gibt das Verhältnis zwischen dem operativen Cash Flow und den Umsatzerlösen an und wird folgendermaßen berechnet:

Es sollte sich zunächst ganz allgemein gefragt werden, ob das Unternehmen und seine Tätigkeiten nachvollziehbar sind. Auch die Frage, ob Substitutionsgüter (Güter, die dieselben Bedürfnisse stillen) von anderen Unternehmen existieren und die Produkte somit ersetzen können, ist angebracht. Ebenso ist sinnvoll zu ermitteln, ob das Unternehmen eine Monopolstellung Inne hat und auch in der Zukunft noch über ausreichendes Wachstumspotenzial verfügt. Wird die Mehrzahl dieser Fragen mit „ja" beantwortet, so geht es im nächsten Schritt an die Analyse weiterer Kriterien. Die Eigenkapitalquote der Aktiengesellschaft sollte mindestens 25 % betragen, auch im Verlauf der vergangenen Jahre, bei einem Gewinnwachstum von über 10 % pro Jahr. Die thesaurierten beziehungsweise einbehaltenen Gewinne sollten außerdem über die Hälfte aller Gewinne ausmachen. Im Hinblick auf die Umsatzrendite, sollte diese nach der Markenstrategie 10% oder mehr betragen und zukünftig weiter ansteigen. Bezüglich der Cash Flow Marge ist festzuhalten, dass diese über 15 % liegen sollte.

Im Rahmen der Markenstrategie spielt auch der Innere Wert von Aktien eine wichtige Rolle, der hier nicht vernachlässigt, sondern im weiteren Verlaufe des Buches vorgestellt werden soll.

Die Dividendenstrategie

Im Hinblick auf die Bankenkrisen in der Vergangenheit, suchen Anleger nach einer Strategie, die trotz fallender Kurse dafür sorgt, dass regelmäßig ein Gewinn mit Aktien erzielt wird. Durch den Kauf von Wertpapieren, die hohe Dividenden in Aussicht stellen, haben Anleger die Möglichkeit, sich durch dividendenstarke Aktien (vermeintlich) abzusichern. Die Dividendenstrategie wurde bereits in den 1930er Jahren von dem Investor und Theoretiker Benjamin Graham erfunden beziehungsweise entwickelt. Graham begann mit dem Kauf der im US-amerikanischen Index Dow Jones gelisteten, im Hinblick auf die Dividenden, stärksten Unternehmen. Das Bewertungskriterium waren also ausschließlich die Dividenden. Wichtig, so Graham, war beziehungsweise ist, dass die Dividenden-Rangliste jedes Jahr aktualisiert wird, um durch eine Umschichtung des Aktiendepots stets die dividendenstärksten Aktien zu erwerben. Graham kaufte jeweils die zehn besten, dividendenstärksten Aktien des Index, um diese nach einem Jahr gegen die dann aktuell stärksten Aktien auszutauschen, sollte sich etwas in der Rangfolge geändert haben. Auch in der jungen Vergangenheit erzielen zahlreiche Aktionäre attraktive Gewinne durch die Ausschüttung von Dividenden. Denn in schwierigen Zeiten an der Börse, in denen die Aktien an Wert einbüßen und die Kurse somit fallen, wird dennoch ein stabiler Geldzufluss in Form der Dividenden erzielt. Nichtsdestotrotz ist hier auch die Aktienrendite zu betrachten, die schlussendlich über Gewinn oder Verlust entscheidet. Wie bei nahezu allen Strategien, die an der Börse verfolgt werden, ist es auch bei der Dividendenstrategie von großer Bedeutung, die entsprechenden Aktien in Crash-Zeiten nicht zu veräußern, sondern viel mehr abzuwarten bis sich der Kurs wieder erholt. Auch eine ausreichende Diversifikation ist wichtig, um mit der Dividendenstrategie erfolgreich an der Börse mit Aktien zu handeln. Eine Alternative zu der dem Erwerb einzelner, dividendenstarken Aktien, ist der Kauf eines Exchange Traded Fund (ETF), der mehrere starke Titel, sprich Aktien, enthält.

Nachteil an der Dividendenstrategie ist, dass durch die Fokussierung auf dividendenstarke Unternehmen, ein positiver Börsentrend verpasst werden könnte. Auch ist als nachteilig zu bewerten, dass viele Unternehmen, die den Aktionären hohe Dividenden ausschütten, dies nicht immer tun werden, die Dividenden also streichen könnten. So kann es dazu kommen, dass einer dividendenstarke Aktie, die in ihrem Wert gefallen ist, die Dividenden gestrichen wird. Nun könnten sich die Aktionäre nicht mehr über die Dividenden freuen und außerdem müsste die Aktie, zumindest, wenn nach der Dividendenstrategie nach Graham vorgegangen wird, verkauft werden. Der Verkaufspreis wird jedoch im Rahmen fallender Kurse dementsprechend gering ausfallen, sodass sich hier ein Verlust einstellt. Einige Aktiengesellschaften stellen deshalb hohe Dividenden in Aussicht, um auf diese Weise eine deutlich höhere Anzahl an Käufern zu finden, obwohl sich der Aktienkurs negativ entwickelt.

Die Berechnung der Dividendenrendite

Die Dividendenrendite wird aus dem Teil des Gewinns, welches von dem Unternehmen ausgeschüttet wird, also der Dividenden und aus dem aktuellen Aktienkurs berechnet. Dafür wird die Dividende durch den Aktienkurs dividiert.

$$Dividendenrendite = \frac{Dividende}{Aktienkurs}$$

Wie bereits angemerkt, birgt diese Strategie Tücken, die gekannt werden sollten. Das liegt daran, dass die Dividendenrendite bei fallenden Kursen ansteigt. Mit anderen Worten verlieren die Aktien an Wert, sodass die fallende Kursrendite die Dividendenrendite zunichtemacht. Das nachfolgende Beispiel soll das Problem kurz aufzeigen.

Beispielrechnung zur Veranschaulichung der Tücken der Dividendenstrategie

Im Rahmen dieses Beispiels wird nun ein Unternehmen betrachtet, das stets eine Dividende von 4 Euro pro Aktie ausschüttet. Um dem Leser aufzuzeigen, dass die Dividendenstrategie nur erfolgversprechend ist, wenn weitere Kriterien beachtet werden, soll die Strategie unter der Voraussetzung fallender Aktienkurse unter die Lupe genommen werden.

Im ersten Jahr ist die Aktie noch 100 Euro wert, die Dividendenrendite würde also wie folgt ausfallen:

Dividendenrendite (1.Jahr) = (4/100) = 0,04 = 4%

Im zweiten Jahr fällt der Kurs der Aktie von 100 Euro auf 80 Euro, verliert dementsprechend um 20% beziehungsweise 20 Euro an Wert.

Dividendenrendite (2.Jahr)= (4/80) = 0,05 = 5%

Die Dividendenrendite ist folglich um 1%, von 4% auf 5%, gestiegen. Allerdings ist die Kursrendite um 20% gefallen, sodass die Aktienrendite insgesamt um 15 % (Kursrendite + Dividendenrendite) gesunken ist.

Im dritten Jahr ist der Kurs bereits von 80 Euro auf 60 Euro gefallen. Die Kursrendite hat also ein Minus von 25 % verzeichnet (- 20 Euro / 80 Euro).

Dividendenrendite= (4/60) = 0,0067 = 6,7%

Der fallende Wert der Aktie bewirkt, dass die Dividendenrendite steigt. Insgesamt verliert die Aktie und somit der Aktionär an Geld, da die Aktienrendite mittlerweile im dritten Jahr ein Minus von 18,3 % aufweist.

Insgesamt ist der Verlauf der Kursrendite über die drei im Beispiel betrachteten Jahre negativ. Der Kurs sinkt in diesem Zeitraum von 100 Euro auf 60 Euro, sprich um 40 %. Die Dividendenrendite steigt jedoch von 4 % auf 6,7 %, sprich um 2,7 %. Insgesamt wird also eine Aktienrendite von – 33,3% erzielt.

Zusammengefasst lässt sich hier feststellen, dass die Geldanlage nach der Dividendenstrategie in die Aktie des Beispiel-Unternehmens alles andere als ein gutes Investment darstellt. Durch rechtzeitiges Umschichten könnte dem Verlust durch den fallenden Kurs entgegengewirkt werden, sollte keine Mindest-Haltedauer festgelegt sein.

Um der Gefahr, die steigende Dividendenrenditen bei deutlich sinkenden Aktienkursen auszulösen, vorzubeugen, ist es also wichtig, weitere Kriterien im Blick zu haben. Wichtig ist zu schauen, ob das Unternehmen auch in der Zukunft Gewinne erzielen wird, die nicht nur in Form von Dividenden an die Aktionäre ausgeschüttet werden, sondern ebenfalls, ob ein Teil der Gewinne beispielsweise in Forschung und Entwicklung investiert wird, um die Zukunftsfähigkeit der unternehmerischen Tätigkeit zu gewährleisten. Werden lediglich Dividenden ausgeschüttet, so fehlt dieses Geld innerhalb des Unternehmens. Aktiengesellschaften wie Google schütten beispielsweise keine Dividende aus, dafür wird das Geld zum Beispiel in die Erschließung neuer Geschäftsfelder investiert, was wiederum den Aktienkurs steigen lässt. Schlussendlich kommt es nämlich auf die Aktienrendite an. Weiterhin ist es ratsam, wenn die Dividendenstrategie erfolgreich angewandt werden soll, zu überprüfen, ob innerhalb der vergangenen 10 Jahre konstante Dividendenzahlungen ausgeschüttet wurden. Die Ausschüttungsquote sollte zwischen 25 % und 75 % betragen, bei einer jährlichen Dividendenrendite von mindestens 1%.

Kurzes Fazit zu der Dividendenstrategie

Trotz der weiter oben erläuterten Tücken, die mit der Dividendenstrategie einhergehen können, eignet sich diese dennoch für Anleger, die in der Lage sind, die Aktie über einen langen Zeitraum zu halten und Kurseinbrüche auszusitzen. Alternativ können Aktionäre auch auf ETFs zurückgreifen, die ausschließlich dividendenstarke Aktien enthalten, sodass sich der Aufwand minimiert.

Im vorangegangenen Unterkapitel wurde viel von Aktien- und Kursrendite gesprochen. Diese Begriffe sollen nun erläutert werden. Bei der Aktienrendite handelt es sich um eine Kennzahl, die die gesamte Entwicklung der Geldanlage widerspiegelt. Diese berücksichtigt also den Kursgewinn beziehungsweise -verlust und die Dividendenrendite gleichermaßen (diese werden addiert beziehungsweise subtrahiert und ergeben die Aktienrendite). Ist die Dividendenrendite also hoch, die Kursverluste jedoch höher, so ergibt sich daraus eine negative Aktienrendite (siehe Beispielrechnung über die Tücken der Dividendenrendite).

Die Small-Cap-Strategie

Eine weitere Strategie, die im Rahmen dieses Buches vorgestellt werden soll, ist die sogenannte Small-Cap-Strategie. Es geht also um den Kauf von Aktien kleiner Unternehmen, die günstig erworben werden können. Dabei darf es sich jedoch nicht um spekulative Pennystocks oder ähnliche Aktien von risikobehafteten Unternehmen handeln, sondern um aufstrebende, wachstumsstarke Aktiengesellschaften mit erfolgversprechenden Aussichten für die Zukunft. Wichtig ist dafür, dass die entsprechenden Small-Caps über ein solides, zukunftsfähiges Geschäftsmodell verfügen und auch im Hinblick auf die Finanzen gut aufgestellt sind. Eine fortlaufende Analyse der fundamentalen Kennzahlen der Aktie beziehungsweise des Unternehmens ist von großer Bedeutung, um negative Entwicklungen bereits frühzeitig zu erkennen.

Wird also nach einem zukunftsfähigen Small-Cap- Unternehmen Ausschau gehalten, so besteht die Möglichkeit, dass dieses im Laufe der Zeit zu einem großen Unternehmen anwächst, wodurch sich der Aktienkurs positiv entwickeln würde. Um von diesem zu profitieren, muss das Potenzial des kleinen, aufstrebenden Unternehmen jedoch unbedingt erkannt werden, bevor große Investoren die Aktie erwerben und den Kurs in die Höhe treiben. An diesen attraktiven Kursgewinnen können Anleger durch den Einsatz der Small-Cap-Strategie teilhaben und den Wert der günstig erworbenen

Aktien deutlich steigern.

Small-Caps können in Wachstums- (Growth) und Wert-Unternehmen (Value) unterteilt werden. Die ersten zeichnen sich durch ein hohes Wachstum aus, mit dem ein hohes KGV einhergeht. In der Regel sind wachstumsstarke Unternehmen auch im Hinblick auf ihren Wert beständig. Im Rahmen der Auswahl von Small-Caps sollten also das Unternehmen-Wachstum sowie der Unternehmens-Wert betrachtet werden. Doch wie wird ermittelt, ob das betrachtete Unternehmen den Anforderungen gewachsen ist? Hier kommen einige Auswahlkriterien in Betracht.

Die Auswahlkriterien für attraktive Small-Caps im Überblick

Im Rahmen der Ermittlung der Größe des Unternehmens wird ein Blick auf den Jahresumsatz desselben geworfen. Die Marktkapitalisierung spielt eine untergeordnete Rolle, da es hier mehr um die reinen Unternehmensdaten, statt um markttechnische Informationen geht. Unternehmen mit einem jährlichen Umsatz bis zur einer Milliarde Euro, sind meist noch nicht in den Fokus von großen Investoren geraten, sodass Anteile an denselben vergleichsweise günstig zu erwerben sind. Ebenso spielt, wie bereits angemerkt, die Wachstumsrate eine entscheidende Rolle. Diese sollte in Boom-Phasen bei 25 % oder darüber liegen und in Phasen schwacher Konjunktur bei mindestens 12 %. Besonders das Gewinn- und Umsatzwachstum sind zu betrachten, wobei das Verhältnis des ersten zum zweiten nicht unter den Faktor 1 rutschen sollte. Die Rendite des Umsatzes sollte mindestens 7 % betragen, sodass dem kleinen Unternehmen eine gefestigte Marktstellung bescheinigt werden kann, die diesem in Krisenzeiten erlaubt, Preissenkungen oder auch Kostenerhöhungen besser zu verkraften. Wie bereits im Rahmen einer Informationsbox erläutert, gibt der Cash Flow eines Unternehmens Aufschluss über dessen Finanzkraft. Bei den Small-Caps, die hier betrachtet werden, muss der Cash Flow stets positiv sein. Dieser wird direkt mit dem Gewinn der Aktiengesellschaft ins Verhältnis gesetzt und sollte höchstens 20 % unter dem Gewinn liegen. Das Handelsvolumen einer Aktie zeigt auf, wie beliebt diese an der Börse ist beziehungsweise wie oft diese dort gehandelt wird. Dementsprechend zeigt ein vergleichsweise kleines Handelsvolumen von ungefähr 300.00 bis 350.000 Aktien monatlich, dass das Wertpapier noch nicht in den Fokus großer Investoren gerückt ist. Um Pennystocks und andere risikobehaftete Unternehmen, nicht in die Betrachtung miteinzubeziehen, sollte des Weiteren ein Aktienkurs beziehungsweise -preis von mindestens fünf Euro vorliegen. Die Eigenkapitalquote und somit der Verschuldungsgrad sollte so hoch beziehungsweise so niedrig wie möglich sein, um die Zahlungsfähigkeit sicherzustellen. Mindestens 30% sollte die erste betragen. Auch die Eigenkapitalrendite spielt bei der Bewertung von erfolgversprechenden Aktien kleiner Unternehmen eine entscheidende Rolle. Diese sollte mindestens 15% des Gesamtkapitals ausmachen und im Verlauf der Jahre stetig ansteigen.

Um Fehlentwicklungen frühzeitig entgegenwirken zu können, sollten diese fundamentalen Daten kleiner Unternehmen einer kontinuierlichen Beobachtung unterzogen werden.

Kurzes Fazit zur Small-Cap-Strategie

Die Small-Cap-Strategie setzt voraus, dass wichtige Kennzahlen zur Bewertung von Unternehmen beziehungsweise Aktien gekannt und im Rahmen der Unternehmens-Analyse genutzt werden. Daneben ist es von Bedeutung, dass Tendenzen frühzeitig erkannt werden, bevor große Investoren zahlreiche Anteile an dem Unternehmen erwerben und somit für einen Kursanstieg sorgen. Von diesem soll natürlich profitiert werden – durch den Kauf günstiger, erfolgversprechender Aktien, vor dem Eintritt der Investoren.

Die Strategie des antizyklischen Tradens

Wird diese Strategie genutzt, so wird gegen einen bestehenden Trend „gewettet". Es handelt sich hier also um das Gegenstück der Trendstrategie. Es werden Aktien zu günstigen Kursen gekauft, wenn die allgemeine wirtschaftliche Lage und damit die Wertentwicklung der Aktien schlecht ist. Es gilt den eigentlichen Wert von Unternehmen zu ermitteln, um herauszufinden, ob die Aktien desselben eventuell unterbewertet sind. Dafür werden fundamentalen Werte, wie zum Beispiel die Eigenkapitalquote und die Dividenden, ermittelt. Die tatsächliche Unternehmens-Situation, die in der Bilanz ausgewiesen wird, wird dann mit dem Marktwert an der Börse verglichen. Liegt der zweite unter dem ersten, so kann dies ein Kaufsignal sein, muss es jedoch nicht, denn andere Einflussfaktoren können ebenfalls eine Rolle spielen. Es kann nämlich auch passieren, dass der Aktienkurs nicht die erwartete Wende vollzieht und weiter an Wert einbüßt, sodass Verluste erzielt werden. Auch der psychologische Aspekt ist hier nicht außer Acht zu lassen. Menschen verhalten sich wie Herdentiere und gehen meist den Weg des geringsten Widerstands. Es verhält sich oft so, dass sich eine Aktie im Aufwärts-Trend befindet und in den Medien von hohen Kursgewinnen gesprochen wird. Viele Anleger steigen erst dann ein, sodass es früher oder später zu einem Kurseinbruch, sprich einer Wende, kommt, in der viele Anleger ihre Anteile veräußern möchten, da der Kurs nicht mehr steigt, sondern stagniert. Dieses veranlasst also zahlreiche Aktionäre die Anteile an dem Unternehmen zu veräußern, sodass der Kurs rapide fällt. Nun ist der Zeitpunkt gekommen, an dem Anleger, die die antizyklische Strategie nutzen, zuschlagen sollten. Danach gilt es abzuwarten, bis sich der Kurs wieder normalisiert hat und erneut ansteigt. Zu erwähnen ist, dass zahlreiche Investoren, die erfolgreich mit der Strategie des antizyklischen Tradens sind, nach der sogenannten 50-Prozent-Verlust-Regel handeln. Nach dieser muss eine Aktie mindestens an 50 % ihres Wertes verlieren, damit diese für einen Kauf interessant wird. Wichtig für den (zukünftigen) Erfolg dieser Aktien ist außerdem, dass diese vor dem Kurseinbruch stabil in ihrer Wertentwicklung waren.

Mit anderen Worten sollte eine Aktie, die beispielsweise innerhalb eines Jahres um 300 % an Wert gewonnen hat und dann plötzlich um 50 % einbricht, nicht in ein antizyklischen Aktien Depot aufgenommen werden. Die Anwendung der 50- Prozent-Verlust-Regel birgt einen weiteren Vorteil. Emotionen werden so komplett außen vorgelassen und die Kaufentscheidung beruht ausschließlich auf der quantitativen Wertentwicklung der Aktie.

Kurzes Fazit zur Strategie des antizyklischen Tradens

Findet diese Strategie Anwendung, so wird auf einen erneuten Anstieg des Aktienkurses nach dem Verfall desselben „gewettet". Tritt dieser Fall ein, so sind attraktive Gewinne möglich. Natürlich müssen die Aktien auch wieder rechtzeitig verkauft werden, bevor es zu einem neuen Kurseinbruch kommt. Beispielsweise funktionierte die Strategie hervorragend, als im März des Jahres 2000 die Dotcom-Blase (auch Internetblase genannt) platzte. Die Kurse von Internet-Unternehmen befanden sich sprichwörtlich am Boden und waren dementsprechend günstig zu haben, denn nur wenige Anleger wollten noch etwas mit diesen zu dem Zeitpunkt verlustbringenden Wertpapieren zu tun haben. Allerdings gab es auch Anleger, die die günstigen Preise nutzten und so im Verlauf der nächsten fünf Jahre satte Renditen verbuchen konnten.

Die Value Investing Strategie

Bei dieser handelt es sich um eine, die deutlich komplexer anzuwenden ist, als die bisher vorgestellten Strategien. Aus diesem Grund soll hier äußerst detailliert vorgegangen werden, um dem Leser die wichtigen, zu beachtenden Schritte dieser Strategie näher zu bringen.

Wie auch die Dividendenstrategie wurde die Value Investing Strategie von dem bekannten Wirtschaftswissenschaftler und Investor Benjamin Graham zu Beginn der 1930er Jahre in den Vereinigten Staaten entwickelt. Dieser gilt auch als Erfinder der fundamentalen Wertpapieranalyse, auf der das Value Investing aufbaut. Interessant ist, dass Warren Buffett, der bekannte Starinvestor, an der Universität von Columbia von Graham unterrichtet wurde und diesem wohl einen mehr oder weniger großen Teil seines Erfolges zu verdanken hat. Doch nun soll auf die Value Investing Strategie an sich eingegangen werden, zunächst nach Graham und anschließend nach Buffett, der die Strategie etwas abänderte und wie allgemein bekannt ist, große Erfolge damit feiern konnte.

Im einfachen Sinne formuliert, kann festgehalten werden, dass es sich bei dem Value Investment um eine Strategie handelt, bei der es darum geht, den wahren, eigentlichen Wert einer Aktie zu bestimmen beziehungsweise zu schätzen. Liegt dieser Wert deutlich unter dem Aktienkurs beziehungsweise -preis, so wird das Wertpapier gekauft. Es wird also nach unterbewerteten Aktien gesucht. Steigt der Wert des Wertpapiers dann an, so wird dieses gewinnbringend verkauft. Auch können die Unternehmensanteile gehalten werden, sollten die daraus hervorgehenden Dividenden die Investition rechtfertigen. Ein wesentliches Element dieser Strategie ist der sogenannte innere Wert einer Aktie, der vor allem von Warren Buffett geprägt wurde, doch dazu anschließend mehr.

Das Value Investing nach Benjamin Graham

Zu Lebzeiten von Benjamin Graham war es noch nicht so einfach wie heute, an aktuelle Informationen über Unternehmen und deren Aktien zu gelangen. Graham konnte somit nicht im Internet nach aktuellen Kursentwicklungen, etc. suchen, sondern recherchierte in Bibliotheken nach den relevanten Daten. Gezielt hielt der Lehrmeister von Warren Buffett nach Unternehmen Ausschau, die an der Börse unterbewertet wurden. Dafür verglich Graham im Rahmen einer fundamental Analyse unter anderem den Börsenkurs mit den liquiden Mitteln, die dem Unternehmen zu diesem Zeitpunkt zur Verfügung standen, nachdem alle Verbindlichkeiten davon abgezogen beziehungsweise herausgerechnet wurden. Bei diesem Wert handelt es sich um den sogenannten Nettobarwert, der auch Nettogegenwartswert (engl. Net Current Asset Value) genannt wird. Die Berechnung des Nettobarwerts ermöglicht es, Aufschluss darüber zu erhalten, ob eine Aktie unterbewertet ist oder nicht.

> *Bei der fundamentalen Aktienanalyse handelt es sich um eine Art der Aktienanalyse, die sowohl quantitative, als auch qualitative Kriterien untersucht. Die qualitativen Kriterien, die im Rahmen der Analyse von Bedeutung sind, sind beispielsweise das Geschäftskonzept und die Branche, in der das Unternehmen seine Produkte und / oder Dienstleistungen anbietet. Hier handelt es sich meist um subjektive Bewertungen, die eine gewisse Unsicherheit mit sich bringen. Die quantitativen Kriterien beziehen sich allein auf die Geschäftszahlen der Aktiengesellschaft, die in der Bilanz zu finden sind.*

Die fundamental Analyse

Zunächst setzt das Value Investing eine fundamentale Analyse des Unternehmens voraus, um die Qualität desselben und somit die der Aktie einschätzen zu können und je nach dem zu handeln, sprich den Kauf einer Aktie zu tätigen oder nicht. Die Analyse dient, wie der Name es bereits verrät, der Bewertung der fundamentalen Daten einer Aktie. Die Analyse setzt sich aus der Betrachtung von quantitativen Daten, die in der Bilanz des jeweiligen Unternehmens zu finden sind, sowie aus qualitativen Daten, die einer subjektiven Einschätzung bedürfen, zusammen.

Im Rahmen der fundamentalen Aktienanalyse wird eine Vielzahl von Kennzahlen genutzt, um auf diese Weise einen Überblick über die Unternehmens-Qualität zu erhalten. Neben einem Blick auf das historische Wachstum der Aktiengesellschaft, sind auch die Kapitalrenditen, sprich zum Beispiel die Eigen- und Gesamtkapitalrendite Teil der Analyse. Auch die Verschuldung, sprich der Fremdkapitalanteil, ist bei der fundamentalen Analyse nicht außer Acht zu lassen.

Da innerhalb des letzten Unterkapitels der Begriff Nettobarwert verwendet wurde, soll nun kurz angerissen werden, wobei es sich hier handelt. Der Wert, den zukünftige Zahlungen in der Gegenwart besitzen, wird Barwert genannt. Der Nettobarwert oder auch Nettogegenwartswert gehört zu der dynamischen Investitionsrechnung und gibt Aufschluss über den Barwert von Ein- und Auszahlungen

Das Working-Capital-Verhältnis

Außerdem interpretierte Graham die Jahresabschlüsse von Aktiengesellschaften, die dieser hinsichtlich des Working-Capital-Verhältnisses analysierte. Das Working Capital gehört zu den Bilanzkennzahlen, die Auskunft über die Finanzierung von Unternehmen gibt und wird aus der Differenz des Umlaufvermögens und den kurzfristigen Verbindlichkeiten berechnet.

Working Capital =

Umlaufvermögen - kurzfristige Verbindlichkeiten

Das ist jedoch noch nicht das Working-Capital-Verhältnis. Um dieses zu errechnen, muss das Working Capital noch in ins Verhältnis mit dem kurzfristigen Umlaufvermögen gesetzt.

$$Working\ Capital\ Verhältnis = \frac{Working\ Capital}{kurzfristiges\ Umlaufvermögen}$$

Das Ergebnis sollte im optimalen Fall über 30 % betragen und gibt Aufschluss über die Fähigkeit des Unternehmens, sich langfristig über das Umlaufvermögen finanzieren zu können. Es kann hier jedoch auch zu abweichenden Werten kommen, das hängt natürlich einerseits von der Lage des Unternehmens ab, jedoch auch von der Branche, in der dieses aktiv ist.

Die current ratio

Auch das aktuelle Verhältnis (current ratio), so Graham, ist im Rahmen der Betrachtung der Lage des Unternehmens zu betrachten. Im Rahmen dieses Buches wurde bereits kurz auf die Cash Ratio eingegangen, die sich wie folgt berechnet.

Auch Graham nutzte diese Formel, um zu ermitteln, ob Unternehmen über mehr Vermögenswerte als über Verbindlichkeiten verfügen. Liegen die ersten also über den zweiten, so deutet das darauf hin, dass Zahlungsschwierigkeiten in der Zukunft unwahrscheinlich sind.

Der innere Wert und die Sicherheitmarge (nach Graham)

Ebenso die Sicherheitsmarge (Margin of Safety) spielt eine wichtige Rolle, falls sich für die Value Investing Strategie entschieden wurde. Allerdings muss zuerst der innere Wert der Aktie berechnet werden, um dann die individuell definierbare Margin of

Safety festzulegen. Es wird nun auf die Berechnung des inneren Wertes nach Graham eingegangen, die auch also vereinfachte Berechnung des inneren Wertes bezeichnet wird. Die folgende Formel wird für die Ermittlung desselben genutzt:

Innerer Wert = Gewinn pro Aktie * (8,5+2 * Wachstum(%))

Das Ergebnis, sprich der innere Wert, ist natürlich wie immer, abhängig von den zur Berechnung genutzten Eingabegrößen. Sinnvoll ist es, das durchschnittliche Gewinnwachstum der vergangenen zehn Jahre zu verwenden und den aktuellen beziehungsweise zuletzt ausgewiesenen Gewinn pro Aktie (Gewinn pro Aktie = Jahresüberschuss / Anzahl der Aktien) in die Berechnung miteinzubeziehen. Berechtigt ist die Frage, was die Zahl 8,5 innerhalb der Formel bedeutet. Diese gibt das, für Unternehmen, die nicht wachsen, vorausgesetzte beziehungsweise zu erwartende Kurs-Gewinn-Verhältnis (KGV) an. Um den inneren Wert zu berechnen, wird also das zu erwartende KGV mit den doppelten Wachstumsraten (2* Wachstum (%)) addiert und anschließend mit dem Gewinn pro Aktie multipliziert. Liegt der innere Wert über dem aktuellen Aktienkurs, so bedeutet dies, dass die Aktie unterbewertet und somit ein günstiger Kauf möglich ist. Die bereits erwähnte Sicherheitsmarge wird genutzt, um Abweichungen der Berechnung des inneren Wertes auszugleichen. Die Margin of Safety wird individuell festgelegt und kann beispielsweise 50 % betragen. Die 50 % werden dann von dem inneren Wert abgezogen. Würde dieser also, um ein Beispiel zu nennen, bei 50 Euro liegen, so beträgt der innere Wert nach dem Abzug der Sicherheitsmarge noch 25 Euro. Nun soll kurz die Vorgehensweise nach der einfachen Berechnung des inneren Wertes veranschaulicht werden.

Schritt für Schritt zum inneren Wert (nach Graham)

Im ersten Schritt sollten Anleger, die den inneren Wert nach Graham im Rahmen der Value Strategie berücksichtigen möchten, damit beginnen, die inneren Werte von in verschiedenen Indezes geführten Aktien zu ermitteln. Zum Beispiel können Aktien aus dem DAX, dem MDAX oder dem SDAX betrachtet werden. Im folgenden Schritt geht es dann an die Verwendung der Sicherheitsmarge auf jeden einzelnen ermittelten inneren Wert. Dann werden alle Aktien herausgesucht und notiert, deren Kurs unterhalb des durch die Sicherheitsmarge angepassten inneren Wertes liegt. Sinnvoll ist dann die Bildung einer Rangliste der Aktien, die den prozentualen Unterschied von innerem Wert (mit Margin of Safety) und dem aktuellen Aktienkurs berücksichtigt. Je größer der prozentuale Abstand, desto besser. Im nächsten Schritt geht es daran, die nach diesen Kriterien zehn besten Aktien zu erwerben und zwar jeweils zum gleichen Kaufpreis. In eine Aktie wird also nicht mehr Geld als in andere Aktien der Rangliste investiert. Steigt der Kurs der Aktie dann bis zum Erreichen des inneren Werts (inklusive Sicherheitsmarge), so wird die Aktie verkauft und die auf der (aktualisierten) Rangliste folgende Aktie erworben. Eine Überprüfung der Rangliste sollten Anleger stets zum Monatsende angestellt werden. Die Aktualisierung derselben wird zum Ende des Jahres durchgeführt und Aktien, die nicht mehr die Kriterien nach dem inneren Wert erfüllen, werden durch neue ersetzt.

Beispielrechnung des inneren Wertes nach Graham

Im Rahmen dieser Beispielrechnung wird nun veranschaulicht, wie der innere Wert nach Benjamin Graham berechnet wird.

Die XYZ AG hat einen Jahresüberschuss von 500.00 Euro erwirtschaftet und insgesamt 200.000 Aktien ausgegeben. Das Wachstum des Unternehmens betrug im selben Zeitraum 5 %.

- Jahresüberschuss: 500.000 Euro
- Anzahl der Aktien: 200.000 Stück
- Unternehmenswachstum: 5

Damit der innere Wert berechnet werden kann, ist zunächst erforderlich, dass der Gewinn pro Aktie ermittelt wird:

$$Gewinn\ pro\ Aktie = \frac{Jahresüberschuss}{Anzahl\ der\ Aktien}$$

$$Gewinn\ pro\ Aktie = \frac{500.000\ Euro}{200.000\ Aktien} = 2{,}5\ Euro/Aktie$$

Nun, da der Gewinn pro Aktie ermittelt ist, folgt die Berechnung des inneren Wertes:

Innerer Wert = Gewinn pro Aktie * (8,5+2 * Wachstum(%))

Innerer Wert = 2,5 * (8,5 + 2*5) = 46,25

Der innere Wert beträgt im Rahmen dieses Beispiels, also 46,25 Euro. Liegt der aktuelle Kurs dieser Aktie beispielsweise bei 35 Euro, so ist demnach ein Kauf zu empfehlen, da der echte, wahre Wert, sprich der innere Wert, deutlich über dem Kurs liegt. Die Aktie ist somit unterbewertet und günstig zu erwerben. Andersherum ist von einem Kauf abzuraten, wenn der Aktienkurs dem inneren Wert entspricht oder gar über diesem liegt. Dann ist die Aktie nämlich zu teuer, was einen weiteren Kursanstieg weniger wahrscheinlich macht.

Hier soll jedoch noch darauf hingewiesen werden, dass der innere Wert einer Aktie nicht mit exakter Genauigkeit bestimmt werden kann, weder von Graham, noch von Buffett.

Der fundamentale Aktienwert

Des Weiteren entwickelte Benjamin Graham eine Formel, über die der fundamentale Aktienwert auf einfache Art und Weise berechnet werden kann. Hier handelt es sich allerdings um eine einfache Faustformel, die wie die anderen Kennzahlen und Formeln nicht alleine betrachtet werden sollte. Die Formel enthält, dass eine Aktie nicht teurer sein darf als das 1,5-fache des Eigenkapitals des Unternehmens pro Aktie und als das 15-fache des Gewinns pro Aktie.

$$Fundamentaler\ Aktienwert = 1{,}5 * \sqrt{15 * Gewinn\ pro\ Aktie * Eigenkapital\ pro\ Aktie}$$

Durch die Multiplikation der Faktoren 1,5 und 15 kann die Formel auch folgendermaßen formuliert werden:

$$Fundamentaler\ Aktienwert = \sqrt{22{,}5 * Gewinn\ pro\ Aktie * Eigenkapital\ pro\ Aktie}$$

Liegt das Ergebnis der Berechnung des fundamentalen Aktienwerts unter dem aktuellen Kurs der betrachteten Aktie, so bedeutet das, dass diese unterbewertet und somit günstig zu erwerben ist. Benjamin Graham bezeichnete den fundamentalen

Wert der Aktie als maximalen Kaufpreis, den ein Investor mit defensiver, sprich sicherheitsorientierter Einstellung, für eine Aktie zahlen sollte. Liegt der fundamentale Aktienwert dagegen über dem aktuellen Aktienkurs oder auch auf gleicher Höhe, so empfiehlt es sich für sicherheitsorientierte Anleger, keinen Kauf des entsprechenden Wertpapiers zu tätigen.

Die wichtigsten Regeln Benjamin Grahams für Anleger und die Aktienbewertung im Überblick

Benjamin Graham verfasste einige Regeln, die Anlegern dabei helfen können, sich für den Kauf der richtigen Aktien zu entscheiden, um langfristig mit dieser Form der Geldanlage erfolgreich zu sein.

Anleger sollten laut Graham keinesfalls den Fehler begehen, Aktien zu kaufen, wenn diese gerade erst in ihrem Kurs gestiegen oder gefallen ist. Außerdem mahnt der Investor Anleger dazu, dass diese Aktien nicht mit der Erwartung nach schnellen Gewinnen kaufen, sondern vielmehr auf die Langfristigkeit der Anlage achten sollten. Dazu ist es wichtig, dass sich der Anleger im Rahmen der Analyse so verhält, als ob dieser das ganze Unternehmen erwerben wollte. Selbstverständlich bezieht sich Graham auch auf die Suche nach dem (echten, wahren) Wert eines Unternehmens, der zumindest ansatzweise über die oben vorgestellten Formeln ermittelt werden kann. Ebenfalls sollten weitere Kennzahlen mit in die Gesamtbetrachtung einfließen, wobei Aktien mit einem niedrigen, unterdurchschnittlichen Kurs-Gewinn-Verhältnis, die außerdem hohe Dividenden versprechen und ein Gewinnwachstum von 200 % innerhalb der letzten zehn Jahre aufweisen, sprich eine Gewinn-Verdopplung, besonders zu empfehlen sind. Für Anfänger ist es laut Graham ratsam, sich zunächst auf Standardwerte (beispielsweise die im Deutschen Aktien Index geführten Unternehmen) zu konzentrieren. Auch sprach sich der Investor für eine Diversifizierung des Wertpapierdepots in Aktien und Anleihen aus, wobei die letzten mindestens 25 % des Depots ausmachen sollten. Doch mehr zu den Anleihen im weiteren Verlauf des Buches. Neben diesen „allgemeinen Verhaltensregeln“ für Anleger an der Börse, legte Graham auch, die seiner Meinung nach, wichtigsten Bewertungskriterien für Aktien vor. Der Kurs einer Aktie sollte den Buchwert derselben nicht um mehr als zwei Drittel übertreffen. Außerdem darf das Kurs-Gewinn-Verhältnis (KGV) einer Aktie nicht bei unter 40% desselben innerhalb der letzten fünf Jahre liegen. Der Börsenwert des betrachteten Unternehmens sollte des Weiteren bei mehr als zwei Dritteln des Nettoumlaufvermögens liegen. Im Hinblick auf die Zahlungssicherheit von Aktienunternehmen, sollten Anleger ebenfalls beachten, dass das Eigenkapital über dem Fremdkapital liegt, die kurzfristigen Verbindlichkeiten höchstens die Hälfte des Umlaufvermögens betragen, der Gewinn innerhalb der letzten zehn Jahre durchschnittlich um mindestens 7% angestiegen ist und es in den vergangenen zehn Jahren nicht mehr als zwei Mal zu Gewinnrückgängen in Höhe von maximal 5% gekommen ist. Laut Graham ist es empfehlenswert, eine Aktie dann zu veräußern, wenn diese um 50 % an Wert gewonnen hat und / oder die Dividende nicht ausgeschüttet beziehungsweise gewährt wird. Des Weiteren sollte verkauft werden, wenn die Aktie über einen Zeitraum von zwei Jahren gehalten wurde, ohne, dass diese um 50 % gestiegen beziehungsweise die Dividende ausgefallen ist.

Der innere Wert nach Warren Buffett

Wie bereits angemerkt, war Warren Buffett Student von Starinvestor Benjamin Graham und entwickelte selbst eine Vorgehensweise, um den echten Wert von Aktien zu bestimmen beziehungsweise abzuschätzen. Zunächst nutzte Buffett zwar die Strategie seines Lehrmeisters Graham, stellt jedoch fest, dass diese nicht mehr so funktionierte, wie es einst der Fall war. Das war auf die boomende Wirtschaft nach dem Zweiten Weltkrieg zurückzuführen, in der zahlreiche Unternehmen enorm an Wert gewinnen konnten. Viele der ehemalig unterbewerteten Aktien waren das nun nicht mehr und die Suche unter Verwendung der Methoden Grahams nach eben diesen, gestaltete sich immer schwieriger. Graham hatte stets im großen Stil stark unterbewertete Aktien gekauft, teils über 100 Stück. Buffett änderte diese Strategie und begann damit, auf wenige, jedoch qualitativ hochwertige Aktiengesellschaften zu setzen beziehungsweise Anteile an denselben zu erwerben und diese langfristig zu halten, um die Aktien dann gewinnbringend zu veräußern.Warren Buffett und sein Kollege Charlie Munger gehören zu den erfolgreichsten Investoren der Welt, nicht zuletzt dank der Ermittlung des inneren Wertes von Aktien, der auf unterschiedliche Art und Weise berechnet werden kann.

Nach Buffett ist der innere Wert die Menge an Geld, die über die gesamte Lebenszeit des Unternehmens aus diesem gewonnen werden kann, ohne, dass dieses dabei insolvent wird. Diesen gilt es herauszufinden, um unabhängig von den in der Bilanz aufgeführten Daten, die oftmals geschönt sind, einen Eindruck von dem Wert des Unternehmens zu erhalten und so festzustellen, ob die Aktie an der Börse zu hoch, zu niedrig oder richtig bewertet ist.

Im Rahmen der Ermittlung des inneren Wertes nach Buffett, wird also geschaut, wie viel Erträge die Aktiengesellschaft in der Zukunft erzielen wird und was diese heute wert sind. Diese Betrachtung ist zielführend, da beispielsweise 1000 Euro heute mehr wert sind, als in zehn Jahren, da das Geld über diesen Zeitraum angelegt werden und somit vermehrt werden kann. Es geht also darum, den heutigen Wert des Unternehmens durch die Abzinsung des zukünftigen Wertes zu erhalten. Es wird sich dementsprechend nicht auf den heutigen Gewinn verlassen, sondern eine Prognose für zukünftige Gewinne beziehungsweise eine Gewinnprojektion angestellt. Und das ist auch das Problem bei der Ermittlung des inneren Wertes, denn diese beruht auf einigen Schätzungen, sodass stets eine gewisse Planungsunsicherheit vorherrscht. Nun soll die Vorgehensweise nach der KGV-Methode im folgenden Abschnitt näher betrachtet werden, um dem Leser anschließend ein veranschaulichendes Beispiel zu geben. Anschließend wird noch die DCF-Methode betrachtet.

Die Ermittlung des inneren Wertes nach der KGV-Methode, in der Schritt für Schritt Erklärung

Gewinnprognose für die kommenden Jahre erstellen.

Im Rahmen der Ermittlung des inneren Wertes wird sich nicht auf das Kurs-Gewinn-Verhältnis verlassen, sondern eine Prognose im Hinblick auf zukünftige Gewinne angestellt. Dazu wird der heutige Gewinn pro Aktie betrachtet. Zusätzlich ist es erforderlich, einen Blick auf die historischen (Gewinn-) Wachstumsraten zu werfen und einen Durchschnittswert aus diesen zu bilden. Sinnvoll ist es, die vergangenen zehn Jahre zu betrachten. Auch die Prognosen von Analysten sollten hinzugezogen werden. Aus den historischen Wachstumsraten und der Prognose der Analysten wird dann überlegt, ob diese auch in der Zukunft Bestand haben werden. Dafür ist logischerweise auch ein Blick auf die Branche und deren Entwicklung sinnvoll. Nun wird der aktuelle Gewinn pro Aktie mit der zu erwartenden jährlichen Wachstumsrate über einen Zeitraum von zehn Jahren multipliziert, um so den (zu erwartenden) zukünftigen Gewinn pro Aktie in zehn Jahren zu erhalten. Zu erwähnen ist hier, dass selbstverständlich auch ein anderer Zeitraum betrachtet werden kann, dieser muss also nicht zwingend zehn Jahre betragen. Folgende Formel wird dafür genutzt:

1. Schritt – Die Gewinnbewertung und Berechnung des zukünftigen Aktienwerts

Im zweiten Schritt wird nun das Kurs-Gewinn-Verhältnis (beispielsweise) der letzten zehn Jahre unter die Lupe genommen. Auch hier wird der Durchschnitt gebildet, um zu schauen, wie viel den Aktionären die Aktie in den vergangenen Jahren wert war. (Das KGV gibt Aufschluss darüber, den wie vielfachen Preis des Gewinns die Aktionäre bereit sind für die Aktie zu zahlen). Zur Berechnung kann der ermittelte Durchschnitt des KGV genutzt werden aber auch eine vorsichtigere, konservative

Schätzung, die etwas unter dem Durchschnitt liegt. Das KGV wird dann mit dem Gewinn pro Aktie in (beispielsweise) zehn Jahren multipliziert, um den Aktien- beziehungsweise Unternehmenswert in X Jahren zu erhalten:

Aktienwert in X Jahren =

*Gewinn pro Aktie in X Jahren * Schätzung des KGV*

2. Schritt - Die Festlegung der Renditeerwartungen

Zunächst ist es sinnvoll, die übliche Rendite von Aktien zu betrachten. Diese schwankt zwischen 6% und 8%. Die Renditeforderung ist natürlich individuell zu bestimmen.

3. Schritt - Die Berechnung des inneren Werts

Um nun den inneren Wert zu berechnen, wird auf den zukünftigen Aktien- beziehungsweise Unternehmenswert geblickt, der im zweiten Schritt ermittelt wird sowie auf die Renditeforderung. Die Rechnung sieht folgendermaßen aus:

$$Innerer\ Wert = \frac{zukünftiger\ Wert\ der\ Aktie}{(Renditeforderung + 1)^{Jahre}}$$

4. Schritt - Die Sicherheitsmarge (Margin of Safety)

Je nachdem, ob eine Margin of Safety genutzt werden soll, wird diese von dem inneren Wert abgezogen.

$$Innerer\ Wert\ mit\ Margin\ of\ Safety = Innerer\ Wert - (Innerer\ Wert * Margin\ of\ Safety)$$

Das Ergebnis ist der Höchstpreis beziehungsweise Kurs, zu dem Aktien des Unternehmens gekauft werden sollten.

5. Schritt - Warten

Im letzten Schritt geht es daran, zu warten, bis der Aktienkurs entweder genau dem inneren Wert entspricht oder unter dem inneren Wert liegt. Es dies der Fall, so wird die Aktie gekauft und sollte, wurde eine zutreffende Prognose angestellt, innerhalb der nächsten X Jahre eine Rendite von X % jährlich abwerfen.

Es kommt selbstverständlich vor, dass unterbewertete Aktien im Rahmen eines Abwärtstrends, weiter an Wert verlieren. Buffett bezeichnet dies jedoch als zweitrangig, denn die Langfristigkeit spielt eine entscheidende Rolle für den Erfolg der Anlage nach der Value Strategie. Die Aktie sollte also über den geplanten Zeitraum von X Jahren gehalten werden, bevor es an den Verkauf geht.

Beispielrechnung - Ermittlung des inneren Wertes der Adidas Aktie nach der KGV-Methode

Zu besseren Veranschaulichung der Berechnung des inneren Wertes nach der KGV-Methode, wird diese hier nun angewandt. Die dafür betrachtete Aktiengsellschaft ist der deutsche Sportartikelhersteller Adidas, der im Deutschen Aktien Index (DAX) gelistet ist

6. Schritt - Gewinnprognose für die kommenden Jahre erstellen

Jahr 20	09	10	11	12	13	14	15	16	17
Gewinn je Aktie (unverwässert)	1,25	2,71	2,93	2,52	3,76	2,35	3,15	5,08	5,42

Der heutige Gewinn pro Aktie, beziehungsweise der zuletzt ausgewiesene Gewinn pro Aktie von Adidas im Jahr 2017, beträgt (unverwässert) 5,42 Euro.

Adidas AG Aktien-Kennzahlen

Quelle: www.boerse.de (https://www.boerse.de/fundamental-analyse/Adidas-Aktie/DE000A1EWWW0#kennzahlen)

Nun geht es daran, den Durchschnittswert der jährlichen, historischen Gewinn-Wachstumsraten zu berechnen. Dafür wird eine kompliziert anmutende Formel genutzt (im Grunde ist diese kinderleicht anzuwenden, es geht lediglich um das richtige Einsetzen der Werte). Im Rahmen dieser Formel werden lediglich die Gewinne von zwei Daten benötigt, jeweils zu Anfang der Betrachtung und gegen Ende. Mit anderen Worten spielen hier die Werte des Jahres 2009 und des Jahres 2017 eine Rolle. Der Zeitraum der Betrachtung beträgt neun Jahre.

$$Durchschnittliches\ jährliches\ Gewinnwachstum = \left(\frac{Gewinn\ Ende - Gewinn\ Anfang}{Gewinn\ Anfang} + 1\right)^{\left(\frac{1}{Zeitraum\ in\ Jahren} - 1\right) * 100}$$

Für das hier betrachtete Beispiel der Wachstumsrate der Adidas Aktie, sieht die Formel so aus:

$$Durchschnittliches\ jährliches\ Gewinnwachstum(2009 - 2017) = \left(\frac{5{,}42 - 1.25}{1.25} + 1\right)^{\left(\frac{1}{9} - 1\right) * 100} = 17{,}70$$

In den vergangenen neun Jahren wurde also pro Jahr ein Gewinnwachstum von 17,70 % erzielt.

Außerdem lohnt es sich, einen Blick auf die Entwicklung des Umsatzes in der betrachteten Zeitperiode (hier neun Jahre) zu werfen.

Adidas AG Aktien-Kennzahlen

Jahr	2009	2010	2011	2012	2013	2014	2015	2016	2017
Umsatz je Aktie	49,6	57,3	63,6	71,1	69,2	71,1	84,4	95,7	104,0

Quelle: www.boerse.de (https://www.boerse.de/fundamental-analyse/Adidas-Aktie/DE000A1EWWW0#kennzahlen)

Aus den Kennzahlen zu dem Umsatz pro Aktie geht hervor, dass dieser, mit Ausnahme des Jahres 2013, konstant angestiegen ist und sich innerhalb der neun Jahre mehr als verdoppelt hat. Bei ebenfalls steigenden Gewinnen kann also davon ausgegangen werden, dass Adidas auch in der Zukunft weiter wächst. Hier ist auch die Fußball Weltmeisterschaft 2018 in Russland zu erwähnen, die dem Sportartikelhersteller einen weiteren Anstieg des Umsatzes und Gewinns in Aussicht stellt.

Um jedoch wieder auf das Gewinnwachstum zurückzukommen, ist es nun sinnvoll eine etwas vorsichtigere Prognose abzugeben und die Wachstumsrate für die Berechnung des inneren Wertes auf 14 % festzulegen.

Es folgt die Berechnung des Gewinns pro Aktie in neun Jahren:

$$\begin{aligned}&\textit{Gewinn pro Aktie in X Jahren}\\ &= \textit{aktueller Gewinn pro Aktie} * (\textit{erwartetes Wachstum pro Jahr} + 1)^{\textit{Jahre}}\end{aligned}$$

$$\textit{Gewinn pro Aktie in 9 Jahren} = 5{,}42 * (0{,}14 + 1)^{9} = 17{,}62$$

Der Gewinn pro Aktie wird in neun Jahren 17,62 Euro betragen.

7. Schritt – Die Gewinnbewertung und Berechnung des zukünftigen Aktienwerts

Im zweiten Schritt folgt die Betrachtung des Kurs- Gewinn-Verhältnisses (KGV) der vergangenen Jahre (2009 – 2017)

Adidas AG Aktien-Kennzahlen

Jahr	2009	2010	2011	2012	2013	2014	2015	2016	2017
KGV	30,20	18,00	17,20	26,70	24,60	24,50	28,50	29,60	30,80

Quelle: www.boerse.de (https://www.boerse.de/fundamental-analyse/Adidas-Aktie/DE000A1EWWW0#kennzahlen)

Aus den Kennzahlen des Kurs-Gewinn-Verhältnis lässt sich erkennen, dass dieses über die Jahre zwischen 17,20 und 30,80 schwankte. Nun wird aus den Kurs-Gewinn-Verhältnissen der Durchschnitt gebildet:

$$\begin{aligned}&\textit{Durchschnitt KGV}(2009-2017)\\ &= \frac{30{,}2+18+17{,}2+26{,}7+24{,}6+24{,}5+28{,}5+29{,}6+30{,}8}{9} = 25{,}67\end{aligned}$$

In der Vergangenheit waren die Anleger also bereit, das 25,67-fache des Gewinns für eine Adidas Aktie zu zahlen. Um auch hier etwas vorsichtiger zu agieren, kann der Durchschnittswert etwas nach unten korrigiert werden. Hier soll mit der Schätzung des zukünftigen Kurs-Gewinn-Verhältnisses von 23 weiter gerechnet werden.

$$\begin{aligned}&\textit{Aktienwert in X Jahren}\\ &= \textit{Gewinn pro Aktie in X Jahren} * \textit{Schätzung des KGV}\end{aligned}$$

$$\textit{Aktienwert in 9 Jahren} = 17{,}62 * 23 = 405{,}26$$

Der Wert einer Aktie beziehungsweise der Unternehmenswert in 9 Jahren beträgt laut der Rechnung und dem darin vorausgesetzten Gewinnwachstums 405,26 Euro.

8. Schritt – Die Festlegung der Renditeerwartungen

Nun muss sich der Anleger fragen, welche Erwartungen dieser an die Rendite in neun Jahren hat. Durchschnittliche beträgt die Marktrendite für Aktien, wie bereits erwähnt, 6 % bis 8 % jährlich. Die letzte, sprich 8 %, soll hier im Rahmen der Rechnung verwendet werden.

9. Schritt – Die Berechnung des inneren Werts

Im vierten Schritt müssen jetzt lediglich die im Voraus ermittelten Werte (zukünftiger Aktienwert und Renditeerwartungen) in die Formel des inneren Werts eingesetzt werden.Gewinn pro Aktie in 9 Jahren (zukünftiger Wert der Aktie)= 405,26

Jährliche Renditeforderung = 8 %

$$Innerer\ Wert = \frac{zukünftiger\ Wert\ der\ Aktie}{(Renditeforderung + 1)^{Jahre}}$$

$$Innerer\ Wert = \frac{405{,}26}{(0{,}08 + 1)^{9}} = 202{,}73$$

Das Ergebnis beträgt 202,73 Euro und somit ist die Berechnung des inneren Werts abgeschlossen, allerdings kann noch die Margin of Safety von diesem abgezogen werden.

10. Schritt – Die Sicherheitsmarge (Margin of Safety)

Hier soll eine Sicherheitsmarge von 10 % verwendet werden, diese kann natürlich frei gewählt werden.

$$Innerer\ Wert\ mit\ Margin\ of\ Safety = Innerer\ Wert - (Innerer\ Wert * Margin\ of\ Safety)$$

$$Innerer\ Wert\ mit\ Margin\ of\ Safety = 202{,}73 - (202{,}73 * 0{,}1) = 182{,}46$$

Wird also eine Margin of Safety in Höhe von 10 % angewandt, so beträgt der innere Wert 182,46 Euro. Der Kaufkurs für die Adidas Aktie beträgt also (höchstens) 182,46 Euro.

11. Schritt – Warten

Durch einen Blick auf die Kursentwicklung der Adidas Aktie wird festgestellt, dass der aktuelle Atienkurs bei 204,80 Euro liegt, also etwas über dem inneren Wert nach der KGV-Methode und der Anwendung der Margin of Safety von 10 %.

Quelle: Google Suche

Demnach ist diese Aktie überbewertet. Für Anleger gilt also: abwarten, bis der Kurs der Aktie auf 202,73 Euro beziehungsweise (mit Sicherheitsmarge von 10%) auf 182,46 Euro sinkt oder unterhalb dieses Preises fällt, um diese dann zu kaufen. Fraglich ist natürlich, wann und ob der Aktienkurs diesen Wert erreicht.

Die Aussage ist also, dass im Moment ein Kauf der Adidas Aktie, wenn nach der Value Investing Strategie unter Verwendung der KGV-Methode vorgegangen wird, nicht zu empfehlen ist, da der Kurs über dem inneren Wert liegt.

Die Ermittlung des inneren Wertes nach der DCF- Methode, in der Schritt für Schritt Erklärung

Eine weitere Methode, um den inneren Wert einer Aktie zu bestimmen beziehungsweise abzuschätzen, ist die Discounted Cash Flow Methode. Hier werden die zukünftigen Cash Flows, also Geldflüsse, abgeschätzt. Das Unternehmen wird dementsprechend nach den eingehenden Zahlungsflüssen bewertet, wobei bei der Discounted Cash Flow Methode auch die Schulden und das Guthaben des Unternehmens berücksichtigt werden. Diese Geld- beziehungsweise Kapitalflüsse werden dann abgezinst, um zu erfahren, welchen Wert diese heute haben. Es gibt verschiedene Cash Flows, hier in der Berechnung des inneren Wertes nach der DCF-Methode wird der Free Cash Flow (FCF) genutzt, der angibt, wie viel Geld das Unternehmen nach der Bedienung der Kapitalkosten eingenommen hat. Dieses steht dementsprechend für die Tilgung von Schulden, etc. zur Verfügung. Erwähnenswert ist, dass es verschiedene Ansätze dieser Methode gibt, die unterschiedlich komplex in ihrer Anwendung sind. Im Rahmen des Buches soll hier auf ein vergleichsweise leicht umzusetztendes Verfahren eingegangen werden.

12. Schritt - Die Schätzung der zukünftigen Cash Flows

Um die zukünftigen Geldflüsse zu schätzen, ist zunächst erforderlich, die Cash Flows der vergangenen Jahre zu betrachten. Da diese teilweise starken Schwankungen unterliegen, ist es sinnvoll einen Durchschnittswert aus den Cash Flows der letzten drei Jahren zu errechnen. Anschließend wird auf Basis des Durchschnittswerts der vergangenen Cash Flows eine Prognose für die kommenden Jahre erstellt. Dafür wird eine Wachstumsrate benötigt, die geschätzt werden muss. Hier lohnt sich, ein Blick auf vergangene Wachstumsraten zu werfen.

13. Schritt – Das Abzinsen der Cash Flows

Im zweiten Schritt werden nun die erwarteten Cash Flows der nächsten Jahre abgezinst. Dazu wird ein sogenannter Abzinsungsfaktor verwendet. Die Cash Flows der einzelnen Jahre werden durch den Abzinsungssatz dividiert. Dieser errechnet sich wie folgt:

$$Abzinsungsfaktor = (1 + Abzinsungssatz)^{Jahre}$$

14. Schritt – Festlegen des Restwerts

Da das Unternehmen nach dem betrachteten, zukünftigen Zeitraum aller Voraussicht nach noch weiter bestehen wird, muss im dritten Schritt der Restwert berechnet werden. Für diese Berechnung ist erforderlich, dass eine weitere Schätzung angestellt wird: die über das Langzeitwachstum des Unternehmens. Der Restwert wird über folgende Formel berechnet:

$$= \frac{Letzter\ Discounted\ Cash\ Flow * (1 + Langzeitwachstumsrate)}{(Abzinsungssatz - Langzeitwachstumsrate)}$$

15. Schritt – Die Betrachtung des Guthabens und der Schulden

Durch einen Blick in die Bilanz der Aktiengesellschaft, werden die Schulden sowie das Guthaben (liquide Mittel) über die diese verfügt, ermittelt. Die Gesamtschulden werden dann von dem Gesamtguthaben subtrahiert. Daraus ergibt sich dann der Netto Cash.

16. Schritt – Die Berechnung des inneren Wertes

Im letzten Schritt wird der innere Wert berechnet. Dafür werden die zuvor errechneten Werte zusammengezählt. Es wird also die Summe aus der Summe der abgezinsten Cash Flows, des Restwerts sowie des Netto Cash berechnet. Das Ergebnis wird dann durch die Gesamtanzahl der Aktien des Unternehmens geteilt, um so den inneren Wert pro Aktie zu erhalten.

Beispielrechnung – Ermittlung des inneren Wertes der Adidas Aktie nach der DCF-Methode

Auch im Rahmen dieser Beispielrechnung soll die Aktie der Adidas AG brachtet und veranschaulicht werden, wie der innere Wert nach der DCF-Methode geschätzt wird.

1. Schritt – Die Schätzung der zukünftigen Cash Flows

Zunächst geht es daran, den Free Cash Flow des Unternehmens der vergangenen drei Jahren zu ermitteln und aus diesen Werten einen Durchschnitt zu bilden. Cash Flow der Adidas Aktie (2015 – 2017)

Jahr	2015	2016	2017
Free Cash Flow (in Millionen Euro)	646	791	995

Quelle:https://www.marketwatch.com/investing/stock/adidas/financials/cash-flow

Der durchschnittliche Cash Flow der Jahre 2015 bis 2017 beträgt also 810,67 Millionen Euro.

Durchschnitt des Free Cash Flow =

(646+791+995)/3 = 810,67

Der durchschnittliche Free Cash Flow, der im Zeitraum von 2015 bis einschließlich 2017 erzielt wurde, beträg 810.670.000 Euro (810,67 Millionen Euro).

2. Schritt – Das Abzinsen der Cash Flows

Nun folgt die Abzinsung der Free Cash Flows. Zunächst werden jedoch die Durchschnittswerte des Free Cash Flows der vergangenen drei Jahre genutzt, um so die zukünftigen Cash Flows abzuschätzen. Sinnvoll ist eine Betrachtung über die nächsten zehn Jahre. Im Jahre 0, also zum jetzigen Zeitpunkt beträgt der (Durchschnitts-) Cash Flow 810,67 Millionen Euro. Auf diesen wird die Wachstumsrate von 14 % hinzugerechnet, sodass die Adidas AG im ersten Jahr der zukünftigen Entwicklung der Zahlungsströme einen Cash Flow von 924,16 Millionen Euro erzielen wird (810,67 * 1,14 = 924,16). Als Abzinsungsrate beziehungsweise -satz sollen hier 8 % verwendet werden. Diese kann übrigens auch errechnet werden, worauf hier jedoch verzichtet werden soll. Mithilfe der Abzinsungsrate kann dann der Abzinsungsfaktor berechnet werden:

$$Abzinsungsfaktor = (1 + Abzinsungssatz)^{Jahre}$$

Beispiel für Jahr 1:

$$Abzinsungsfaktor = (1 + 0{,}08)^1 = 1{,}08$$

Anschließend wird der Free Cash Flow durch den Abzinsungsfaktor dividiert, um den abgezinsten Cash Flow zu erhalten:

$$Abgezinster\ Cash\ Flow = \frac{Free\ Cash\ Flow}{Abzinsungsfaktor}$$

$$Abgezinster\ Cash\ Flow = \frac{924{,}16}{1{,}08} = 855{,}7$$

Für die darauffolgenden Jahre wird genau gleich vorgegangen. Um auf den nachfolgenden Free Cash Flow zu kommen, muss der vorherigen lediglich um die Wachstumsrate „vergrößert" werden.

Jahr	Free Cash Flow (in Millionen Euro)	Abzinsungsfaktor	Abgezinster Cash Flow (Discounted Cash Flow) (in Millionen Euro)
1	924,16	1,08	855,7
2	1053,54	1,17	900,46
3	1201,04	1,26	953,21

4	1369,19	1,36	1006,76
5	1560,89	1,47	1061,83
6	1779,41	1,59	1119,13
7	2028,53	1,71	1186,27
8	2312,52	1,85	1250,01
9	2636,27	2,00	1318,14
10	3005,35	2,16	1391,37

Nun wird die Summe aller abgezinsten Cash Flows gebildet, diese beträgt 11042,88 Millionen Euro.

3. Schritt – Festlegen des Restwerts

Nun wird der Rest- beziehungsweise Endwert berechnet. Als Langzeitwachstumsrate werden hier 3% verwendet, die durchaus konservativ sind.

$$Restwert = \frac{Letzter\ Discounted\ Cash - Flow * (1 + Langzeitwachstumsrate)}{(Abzinsungssatz - Langzeitwachstumsrate)}$$

Restwert = 1391,37 * (1+0,03) = 28662,22

$$Restwert = \frac{1391{,}37 * (1 + 0{,}03)}{(0{,}08 - 0{,}03)} = 28662{,}22$$

Der Rest- oder auch Endwert beträgt 28662,22 Millionen Euro, also in etwa 28,66 Milliarden Euro.

4. Schritt – Die Betrachtung des Guthabens und der Schulden

Im vierten Schritt muss in die Bilanz geschaut werden. Die liquiden Mittel und die gesamten Schulden müssen ermittelt werden. Ein Auszug der letzten Bilanz (2017) der Adidas AG sieht so aus:

adidas AG Consolidated Statement of Financial Position (IFRS)	
€ in millions	March 31, 2017
Cash and cash equivalents	1.524
Short-term financial assets	5
Accounts receivable	2.876
Other current financial assets	605

Inventories	3.609
Income tax receivables	81
Other current assets	649
Assets classified as held for sale	-
Total current assets	9.348
Property, plant and equipment	1.933
Goodwill	1.403
Trademarks	1.654
Other intangible assets	165
Long-term financial assets	187
Other non-current financial assets	90
Deferred tax assets	785
Other non-current assets	119
Total non-current assets	6.336
Total assets	-
Short-term borrowings	1.406
Accounts payable	1.931
Other current financial liabilities	214
Income taxes	455
Other current provisions	578
Current accrued liabilities	1.926
Other current liabilities	531
Liabilities classified as held for sale	-
Total current liabilities	7.041
Long-term borrowings	982
Other non-current financial liabilities	28
Pensions and similar obligations	361
Deferred tax liabilities	371
Other non-current provisions	60

Non-current accrued liabilities	92
Other non-current liabilities	47
Total non-current liabilities	1.941
Share capital	202
Reserves	582
Retained earnings	5.936
Shareholders' equity	6.719
Non-controlling interests	(17)
Total equity	6.702
Total liabilities and equity	15,684

Quelle:https://www.adidas-group.com/de/investoren/ergebnisse/

Die mit Grau gekennzeichneten Werte (Cash and cash equivalents (Flüssige Mittel), Short-term financial assets (kurzfristige Finanzanlagen), Short-term borrowings (kurzfristige Finanzverbindlichkeiten) und Long-term borrowings (langfristige Finanzverbindlichkeiten) werden nun im Rahmen der Ermittlung des Netto Cash genutzt.

Cash and cash equivalents (Flüssige Mittel) und die Short-term financial assets (kurzfristige Finanzanlagen) stellen die liquiden Mittel des Unternehmens dar und die Short-term borrowings (kurzfristige Finanzverbindlichkeiten) und Long-term borrowings die gesamten Schulden. Um den Wert des Netto Cash zu berechnen werden die Schulden von den flüssigen Mitteln subtrahiert.

$$Netto\ Cash = Liquide\ Mittel - Gesamtschulden$$

$$Netto\ Cash = (1524 + 5) - (1406 + 982) = 1529 - 2388 = -859$$

Der Netto Cash von Adidas ist negativ und beträgt -859 llionen Euro.

5. Schritt – Die Berechnung des inneren Wertes

Im letzten Schritt werden die ermittelten Werte zusammengerechnet, sprich addiert und dann durch die Anzahl aller Aktien des Unternehmens dividiert. Hier diese noch ein Mal im Überblick:

- Summe abgezinste Cash Flows = 11042,88 Millionen Euro
- End- oder Restwert = 28662,22 Millionen Euro
- Netto Cash = - 859 Millionen Euro
- Die Anzahl der Aktien der Adidas AG beträgt 209,22 Millionen

$$Innerer\ Wert = \frac{Summe\ abgezinste\ Cash\ Flows + Restwert + Netto\ Cash}{Anzahl\ aller\ Aktien}$$

$$Innerer\ Wert = \frac{11042{,}88 + 28662{,}22 - 859}{209{,}22} = 185{,}67$$

Der innere Wert der Adidas Aktie beträgt nach der Methode des Discounted CashFlow 185,67 Euro. Soll nun noch die Margin of Safety abgezogen werden, beispielsweise von 10%, so ergibt sich folglich:

Innerer Wert mit Margin of Safety =

*185,67 - (185,67*0,1) = 167,10*

Wird eine Sicherheitsmarge von 10% bestimmt, so liegt der innere Wert nach der Berechnung mit der DCF-Methode bei 167,10 Euro.

Auch hier wird festgestellt, dass die Aktie der Adidas AG überbewertet ist. Wie auch schon im ersten Beispiel für die Berechnung des inneren Wertes (KGV-Methode), müssen Anleger die die Value Investing Strategie nutzen, auch hier warten, bis der Kurs der Adidas Aktie auf mindestens 185,67 Euro, beziehungsweise, wenn eine Margin of Safety von 10% genutzt wird, auf 167,10 Euro fällt.

Die Risiken des Value Investing und eine kurze abschließende Zusammenfassung

Wie bereits angemerkt, ist auch eine wohldurchdachte Value Investing Strategie, im Rahmen derselben zahlreiche Analysen von Aktien und Unternehmen durchgeführt wurden, kein Garant für eine gewinnbringende Geldanlage. Das liegt vor allem daran, dass zum Beispiel bei der Ermittlung des inneren Wertes, dem eigentlichen Hauptbestandteil der Value Investing Strategie, einige Schätzungen und Prognosen für die Zukunft erstellt werden, die nicht zwingend eintreten. Ein besonders großer Nachteil dieser Strategie liegt darin, dass aufstrebende Start Ups, also junge Unternehmen mit interessanten Wachstumsraten und einem nachhaltigen, zukunftsfähigen Geschäftsmodell, nicht berücksichtigt werden. Solche Aktiengesellschaften, die zwar noch keinen Gewinn erwirtschaften, also (noch) nicht rentabel sind, jedoch riesiges Zukunftspotenzial bergen, werden im Value Investing nicht beachtet. Es besteht also das Risiko, dass die Strategie dafür sorgt, dass die Aktien von schnell wachsende, jungen Unternehmen „übersehen" werden.

Nun sollen die wesentlichen Merkmale des Value Investings zusammengefasst dargestellt werden. Für Anleger, die diese Strategie anwenden möchten, ist es erforderlich, wie ein Unternehmer zu denken und zu agieren. Das bedeutet, dass das Geschäftsmodell der Aktiengesellschaften gekannt werden muss, um abhängig davon Prognosen im Hinblick auf das Risiko sowie auf die Renditeerwartungen der Anlage zu erstellen. Ebenso ist die fundamentale Analyse der Aktien notwendig, um so herauszufinden, ob es sich um ein qualitativ hochwertiges Unternehmen mit einem nachhaltigen Geschäftsmodell handelt oder ob dies nicht der Fall ist. Um die Analyse durchführen zu können, wird vorausgesetzt, dass Geschäftsabschlüsse und allgemeine Unternehmensinformationen gelesen und verstanden werden. Ebenso sind die Verfahren zu Bewertung von Aktien hilfreich beziehungsweise erforderlich, um die Value Investing Strategie erfolgreich umsetzen zu können. Schlussendlich sind logischerweise auch die Grundlagen des Wertpapierhandels an der Börse wichtig, um Trends frühzeitig zu erkennen.

Vor allem für Kleinanleger ist die Value Investing Strategie geeignet, da es diese ermöglicht, ein individuelles Portfolio unter Berücksichtigung der Renditeforderungen zu erstellen beziehungsweise aufzubauen. Die Analysen und Schätzungen vor dem Kauf einer Aktie sind zwar umfangreich und sollten sorgfältig sowie detailliert aufgestellt werden, jedoch ist der Aufwand für Transaktionen gering, denn es gilt abzuwarten, wie sich die Aktie der Wahl entwickelt. Erreicht der Aktienkurs den inneren Wert oder liegt darunter, so wird dementsprechend ein Kauf getätigt. Abschließend lässt sich jedoch feststellen, dass die Value Investing Strategie nicht besonders gut für Anfänger, die gerade erst mit dem Handel von Aktien begonnen haben, geeignet ist, da relativ viel Fachwissen vorhanden sein sollte. Nichtsdestotrotz wurde das Value Investment hier erläutert, um dem Leser zumindest eine Idee von dieser Strategie zu geben.

Der Cornerstone Ansatz von O'Shaughnessy

Auch der US-amerikanische Investor James O'Shaughnessy entwickelte eine Investmentstrategie, die dieser sich sogar patentieren ließ. O'Shaughnessy legt dabei großen Wert auf die disziplinierte und emotionslose Ausführung von Strategien und interessierte sich nur wenig für den Markt. Dieser sei eine Ansammlung von unlogischen Sachverhalten. Im Hinblick auf die Rendite und das Risiko ist O'Shaughnessy der Meinung, dass hohe Rendite (-aussichten) nicht immer gleichzeitig ein hohes Risiko bergen, denn renditestarke Strategien hatten sich im Rahmen seiner Nachforschungen, in denen der Investor auf die Entwicklung von Aktien über Jahrzehnte blickte, als weniger risikoreich herausgestellt, verglichen mit solchen, die als risikoreich bezeichnet wurden, trotzdem jedoch weniger Rendite abwarfen.

Der Absolvent der Studiengänge internationale Wirtschaft und Business Diplomatie verfügt außerdem über ein Wirtschaftswissenschaftsstudium und gilt als einer der Gründer von quantitativen Aktienanalysen. Insgesamt hat O'Shaughnessyzwei Strategien entwickelt, die hier nun vorgestellt werden sollen. Allerdings gibt es auch noch eine dritte, die sich aus einer Kombination der beiden zusammensetzt, hier jedoch nicht vorgestellt wird. Es ist noch zu erwähnen, dass O'Shaughnessy, wie auch Warren Buffett und weitere Starinvestoren, Wert darauflegt, Aktien langfristig zu halten und das Depot dementsprechend nicht andauernd umzuschichten. Je mehr gekauft oder verkauft wird, desto schlechter wirkt sich das auf die Ertragskraft des Depots aus, denn die Gebühren, die die Banken und Broker für den Handel erheben, machen sich durchaus negativ und ertragsschmälernd bemerkbar.

Im Rahmen des Wachstumsportfolios (Cornerstone Growth) werden die Aktien von Unternehmen gekauft, die zwar klein sind, jedoch über konstantes, kontunierliches

Wachstum verfügen. Die Kennzahlen Gewinn pro Aktie und auch die relative Stärke derselben spielen eine Rolle. Außerdem wird das Kurs-Umsatz-Verhältnis genutzt, welches laut O'Shaughnessy das am besten geeignetste Kriterium für die Ermittlung des heutigen und zukünftigen Aktienwerts. Eine weitere Strategie James O'Shaughnessy ist die Erstellung eines Wertportfolios (Cornerstone Value), welche sich ausschließlich aus Aktien von marktführenden Unternehmen zusammensetzt und durch Kontinuität punktet. Die beiden Ansätze sowie eine Kombination aus Wachstums- und Wertpapierportfolio nach O'Shaughnessy sollen nun etwas näher betrachtet werden, denn dabei handelt es sich um vergleichsweise einfach anzuwendende Strategien.

Das Wachstumsportfolio (Cornerstone Growth)

Die Cornerstone Growth Strategie hat im Vergleich zu dem Index S&P 500 innerhalb von zehn Jahren deutlich mehr Rendite erzielt und ist somit eine Betrachtung wert. O'Shaughnessy kaufte im Rahmen für sein Wachstumsportfolio Anteile von den Unternehmen, die über eine Marktkapitalisierung von mindestens 150 Millionen US-Dollar verfügten. Außerdem muss der Gewinn pro Aktie über einen Zeitraum von fünf Jahren stetig, sprich jedes Jahr, angestiegen sein, damit die Aktie gekauft wird. Gleichzeitig wird ein Kurs-Umsatz-Verhältnis von unter 1,5 vorausgesetzt, damit das Wertpapier als Geldanlage interessant wird. Auch die relative Stärke wird genutzt. Erfüllen Unternehmen die Voraussetzungen hinsichtlich der Marktkapitalisierung, des Gewinns pro Aktie und des Kurs-Umsatz- Verhältnisses, so werden diese in eine Rangfolge nach den Kriterien der relativen Stärke gebracht. Anschließend werden die 50 Aktien mit dem größten relativen Stärke gekauft beziehungsweise in das Depot aufgenommen. Dann gilt es, abzuwarten und zu schauen, wie sich die Aktien der Wahl langfristig entwickeln.

Das Wertportfolio (Cornerstone Value)

Ein ebenso interessanter Ansatz von O'Shaughnessy ist der des Cornerstone Values. Wie bereits angemerkt, werden hier ausschließlich Marktführer aufgenommen. Die Kriterien, die einer Aktiengesellschaft eine marktführende Eigenschaft bescheinigen, sind laut O'Shaughnessy die folgenden. Zunächst muss die Marktkapitalisierung der infrage kommenden Unternehmen bei mindestens einer Milliarde US-Dollar liegen. Die gesamte Anzahl der Aktie des Unternehmens, die sich im Umlauf befinden, muss höher als der Marktdurchschnitt sein. Ebenso der innerhalb der letzten 12 Monate erzielte Umsatz muss über dem Marktdurchschnitt liegen, mindestens eineinhalb Mal. Die Unternehmen beziehungsweise Aktien, die all diese Kriterien erfüllen, werden im Rahmen der Cornerstone Value Strategie dann auf die Dividendenrenditen untersucht. Es folgt die Erstellung einer Rangliste, in der die 50 Aktien mit der höchsten Dividendenrendite schlussendlich gekauft werden. Wie bei der Cornerstone Growth Strategie, muss auch hier langfristig abgewartet und die Titel entsprechend gehalten werden. O'Shaughnessy bezeichnet dies als sklavisches Durchhaltevermögen, welches Anleger unter Beweis stellen müssen, um erfolgreich die Wert- als auch die Wachstumsportfolio-Strategie anzuwenden.

Die Levermann-Strategie

Die ehemalige deutsche Investmentbankerin Susan Levermann arbeitet heutzutage als Lehrerin und entwickelte eine interessante Strategie für die Bewertung wichtiger Aktienkennzahlen. Kaufentscheidungen werden also nur dann getätigt, wenn bestimmte Kennzahlen eine gewisse Punktzahl erreichen, die Susan Levermann definiert hat. Der Strategie liegt folglich ein Bewertungsmodell nach Punkten zugrunde. Hier soll die Strategie nun beschrieben und ein Blick auf das Bewertungssystem geworfen werden. Insgesamt verwendet Levermann 13 Kennzahlen, die unabhängig von einander betrachtet und bewertet werden. Die Bewertung erfolgt entweder mit einem Punkt (+1), null Punkten (0) oder mit einem Minuspunkt (-1) und ist logischerweise an gewisse Bedingungen geknüpft. Dem Modell von Susan Levermann zufolge sind die Aktien des Deutschen Aktien Index, sprich Large-Cap Unternehmen, einen Kauf wert, die mindestens vier Punkte erreichen. Für die Aktien anderer Indizes gilt, dass diese mindestens sieben Punkte erreichen müssen, um nach Levermann die Kaufkriterien zu erfüllen. Die Aktien von am DAX geführten Unternehmen sollten dann verkauft werden, wenn die Bewertung bei zwei oder weniger Punktenliegt. Doch nun genauer zu den Kennzahlen beziehungsweise den Bewertungskriterien, die diesen zugrunde liegen.

Die Eigenkapitalrendite

Im ersten Schritt beginnen Anleger, die nach der Strategie Levermanns vorgehen, damit, die Eigenkapitalrendite des Unternehmens zu bestimmen. Für Prozentsätze, die unterhalb von zehn liegen, wird ein Minuspunkt (-1) vergeben. Befindet sich die Eigenkapitalquote zwischen zehn und 20 %, so werden 0 Punkte (0) verliehen. Liegt die Eigenkapitalquote jedoch über 20 %, so erhält die Aktie beziehungsweise das Unternehmen einen Punkt (+1).

Die EBIT-Marge

Die EBIT-Marge beziehungsweise die Marge des Gewinns vor Zinsen und Steuern wird ebenfalls betrachtet. Nach Levermann wird ein Minuspunkt (-1) vergeben, wenn diese unterhalb von 6 % liegt. Ein Punkt (+1) erhält die Aktie beziehungsweise das Unternehmen dann, wenn die EBIT-Marge mehr als 12% beträgt. Für Werte zwischen 6 % und 12 % werden Null Punkte (0) erteilt.

Die Eigenkapitalquote

Hier wird dem Unternehmen ein Punkt (+1) gegeben, wenn es eine Eigenkapitalquote von mehr als 25 % hat. Eine negative Bewertung in Form eines Minuspunkts (-1) erhält das Unternehmen, wenn die Eigenkapitalquote unterhalb von 15 % liegt, Null Punkte (0) werden hingegen vergeben, wenn der Wert zwischen 15 % und 25 % liegt.

Das Kurs-Gewinn-Verhältnis (KGV) (aktuelles Jahr)

Auch Levermann nutzt die beliebte Kennzahl zur Bewertung von Aktien im Rahmen ihres Modells. Ist das aktuelle KGV mehr als 0 und weniger als 12, so gibt es einen Punkt (+1). Eine neutrale Bewertung mit Null Punkten (0) wird dann erteilt, wenn das Kurs-Gewinn-Verhältnis bei Werten zwischen 12 und 16 liegt. Ein Minuspunkt (-1) erhalten Aktiengesellschaften, die ein hohes KGV über 16 oder auch ein solches besitzen, welches unter 0 liegt.

Das Kurs-Gewinn-Verhältnis (KGV) über fünf Jahre

Im Rahmen der Ermittlung des Kurs-Gewinn- Verhältnisses über fünf Jahre wird ein Durchschnittswert aus den KGV der vergangenen drei Jahren und denen der zukünftigen zwei Jahre gebildet. Die ersten können den Unternehmensberichten entnommen werden, während die zwei zukünftigen Kurs-Gewinn-Verhältnisse im Rahmen einer Prognose geschätzt werden, zum Beispiel von Analysten.Liegt das KGV bei Werten, die größer als 0 sind und gleichzeitig 12 nicht übersteigen, so wird ein Punkt (+1) vergeben. Die Berechnung soll an einem kurzen Beispiel veranschaulicht werden.

Beispiel:

Der aktuelle Aktienkurs beträgt 12 Euro. Außerdem wurde im letzten Jahr ein Gewinn pro Aktie von 1,10 Euro erzielt, vor zwei Jahren waren es 1,15 Euro und vor drei Jahren 1,05 Euro. Die Prognosen von Analysten deuten darauf hin, dass der Gewinn pro Aktie im aktuellen Jahr 1,20 Euro betragen wird und im darauffolgenden Jahr 1,25 Euro.

Der Fünf-Jahres-Durchschnitt wird folgendermaßen berechnet.

$$Fünf\ Jahres\ Durchschnitt = \frac{1{,}10 + 1{,}15 + 1{,}05 + 1{,}20 + 1.25}{5} = 1{,}15$$

Der Fünf-Jahres-Durchschnitt ist 1,15 Euro. Nun wird die bereits unter Kennzahlen zur Bewertung von Aktien vorgestellte Formel zur Berechnung des Kurs-Gewinn-Verhältnis genutzt.

$$Kurs\ Gewinn\ Verhältnis = \frac{Aktienkurs}{Gewinn/Aktie}$$

$$Kurs\ Gewinn\ Verhältnis = \frac{12}{1{,}15} = 10{,}43$$

Da der errechnete Wert kleiner als 12 und größer als 0 ist, wird an die Aktie aus dem Beispiel somit ein Punkt (+1) vergeben.

Die Empfehlungen von Analysten

Levermann lässt im Rahmen ihres Modells auch die Meinungen beziehungsweise Empfehlungen von Analysten nicht außer Acht. Um den Levermann-Ansatz zu verstehen, ist es wichtig zu wissen, dass Analysten eine Einstufung von Aktien in eine Fünf-Stufen-Skala vornehmen. Die erste Stufe lautet kaufen, die zweite übergewichten, die dritte halten, die vierte untergewichten und die fünfte verkaufen. Aus diesen Empfehlungen wird ein Durchschnittswert berechnet, sodass eine Art „Durchschnittsempfehlung" daraus abgeleitet werden kann. Levermann geht so vor, dass die Kaufempfehlungen der Analysten als negativ mit einem Minuspunkt (-1) bewertet werden, aus dem simplen Grund, dass nach einer solchen Empfehlung keine positiven Überraschungen an der Börse mehr zu erwarten sind. Andersherum verhält es sich, wenn die Analysten eine Verkaufsentscheidung aussprechen, denn dann kann es durchaus noch zu (positiven) Überraschungen kommen. Nichtsdestotrotz gibt es hier eine Ausnahme. Bewerten nämlich nur wenige Analysten (maximal fünf) ein Small-Cap Unternehmen positiv, sprechen also eine Kaufempfehlung aus, so wird ein Punkt (+1) vergeben. Bei einer Verkaufsempfehlung, die von nur wenigen Analysten für ein Small-Cap Unternehmen formuliert wird, verhält es sich umgekehrt und es gibt einen Minuspunkt (-1). Das ist darauf zurückzuführen, dass sich die Meinung einer Minderheit von Analysten nicht so schnell auf den Aktienkurs auswirkt, wie die Meinung von vielen. Wird weder eine Kauf- noch Verkaufsempfehlung gegeben, ergibt die Rechnung als Werte zwischen 3,0 und 4,0; so wird die Aktie mit Null Punkten (0) bewertet.

Ein kleines Beispiel soll dieses nun näher erläutern und verständlicher machen.

Beispiel:

Fünf Analysten sprechen sich für einen Verkauf der Aktie aus, während sich zwei für Übergewichten und einer für Untergewichten aussprechen. Zunächst macht es Sinn zu schauen, wie viele Analysten ihre Einschätzung abgegeben haben, da, wenn es weniger als fünf sind, umgekehrte Empfehlungen ausgesprochen werden. Hier im Beispiel ist das jedoch nicht so.

Insgesamt haben nämlich 5 (Verkauf) + 2 (Übergewichten) + 1 (Untergewichten), also 8 Analysten ihre Empfehlungen abgegeben. Die Berechnung unter Berücksichtigung der weiter oben aufgeführten Skala, sieht nun folgendermaßen aus:

$$\text{Durchschnitt der Bewertungen} = \frac{(\text{Anzahl Analysten einer Bewertung} * \text{Bewertung laut Skala})}{\text{Anzahl der Analysten}}$$

Für das Beispiel würde die Rechnung also so aufgestellt:

$$\text{Durchschnitt der Bewertungen} = \frac{(5 * 1) + (2 * 2) + (1 * 4)}{8} = 1{,}625$$

Der Durchschnitt der Bewertungen von insgesamt acht Analysten beträgt 1,625 und somit lautet die Durchschnittsempfehlung „kaufen", was nach Levermann wiederum mit einem Punkt (+1) versehen wird.

Die Gewinnrevision

Auch die Analysten-Erwartungen im Hinblick auf die Gewinne von Aktiengesellschaften werden im Levermann-Modell betrachtet. Anstatt von Gewinnrevision könnte synonym auch von Gewinnberichtigung oder -änderungen gesprochen werden. Geschaut wird dementsprechend, wie sich die Erwartungen an den Gewinn innerhalb der vergangenen vier Wochen verändert haben. Die Aktien von Unternehmen, bei denen Analysten einen Anstieg des Gewinns um mindestens 5% vorausgesagt haben, erhalten einen Punkt (+1). Ein Minuspunkt (-1) wird dann vergeben, wenn die Gewinnerwartung der Analysten um 5% oder mehr gesunken ist. Null Punkte (0) erhalten die Aktien, deren Gewinnerwartungen laut den Analysten weder gesunken noch gestiegen sind. An folgendem Beispiel soll dies nun veranschaulicht werden.

Im vorangegangenen Unterkapital wurden die Begriffe Über- und Untergewichten genutzt. Diese werden im Zusammenhang mit der Mischung des Portfolios verwendet. Eine Mischung von Aktien verschiedener Branchen innerhalb des Portfolios trägt dazu bei, dass das Verlustrisiko gesenkt wird. Wird also von Analysten die Empfehlung zum Untergewichten gegeben, so bedeutet dies, dass die Gewichtung der Aktie innerhalb des Portfolios reduziert werden sollte. Anteile werden dementsprechend veräußert. Bei einer Übergewichtung handelt es sich andersherum um eine Empfehlung für den (Zu-) Kauf von Aktien, die bereits im Portfolio vorhanden sind, sodass diese die anderen Aktien an Wert übersteigen beziehungsweise einen größeren Portfolio-Anteil darstellen.

Beispiel:

Die Analysten schätzten den Gewinn der Aktie vor einem Monat auf 3,00 Euro. Mittlerweile, einen Monat später, sind die Schätzungen auf 2,75 Euro gefallen. Nun wird die Veränderung der Gewinnerwartungen berechnet:

$$\text{Veränderung der Gewinnerwartungen} = \frac{2{,}75 - 3{,}00}{3{,}0} = -\,0{,}083 = -\,8{,}3\ \%$$

Die Gewinnerwartungen der Analysten haben also um 8,3 % abgenommen. Nach dem Bewertungsmodell Levermanns wird die entsprechende Aktie also mit einem Minuspunkt (-1) bewertet.

Die Reaktion der Börse auf die Veröffentlichung von Quartalszahlen

Alle Aktiengesellschaften, die im Prime Standard des Deutschen Aktien Index (DAX) gelistet sind, sind dazu verpflichtet vier Mal pro Jahr einen Quartalsbericht zu veröffentlichen, der wichtige Informationen, wie beispielsweise die Gewinn- und Verlustrechnung enthält. Innerhalb des Bewertungsmodells von Levermann wird berechnet, wie sich der Kurs einer Aktie im Verhältnis zu dem Vergleichsindex am Tag der Veröffentlichung des letzten Quartalsberichts, verhält. Betrachtet werden hier also der Aktienkurs und der Kurs des gesamten Index, in dem die Aktie gelistet ist. Ein Pluspunkt (+1) wird dann vergeben, wenn die Aktie sich um mindestens 1% besser als der Vergleichsindex entwickelt. Hat sich der Aktienkurs hingegen um mindestens 1 % schlechter als der Vergleichsindex entwickelt, so gibt es einen Minuspunkt (-1). Null Punkte (0) werden der Aktie dann gegeben, wenn weder eine positive Entwicklung von + 1 % oder mehr oder eine negative Entwicklung des Kurses von - 1 % oder weniger stattfindet. Folgendes Beispiel verdeutlicht diese Bewertung.

Beispiel:

Am Tag der Quartalsbericht-Veröffentlichung legte der Kurs der Aktie um 2 % zu, während der Mark, also der Index, in dem die Aktie geführt wird, um 3% zulegte. Im relativen Vergleich der Aktie mit dem Index verliert die Aktie also um 1 % (2 % - 3 % = -1%). Die Aktie würde also einen Minuspunkt (-1) erhalten.

Der Sechs-Monats-Kurs-Verlauf

Wie der Name es bereits ein Stück weit verrät, gibt diese Kennzahl Aufschluss über die prozentuale Veränderung eines Aktienkurses. Auf- oder Abwärtstrends können so erkannt und in ihrem Ausmaß bestimmt werden. Im Rahmen der Levermann-Analyse wird der heutige Kurs mit dem vor sechs Monaten verglichen. Zu erwähnen ist hier allerdings, dass über die sechs Monate ein Durchschnittskurs berechnet wird, der aus den Schlusskursen der elektronischen Börse XETRA gebildet wird. Außerdem werden Dividendenausschüttungen, die zwischenzeitlich stattfinden, nicht mitberücksichtigt.

Ein Punkt (+1) wird dann vergeben, wenn der aktuelle Aktienkurs mindestens 5% über dem vor sechs Monaten liegt, sprich einen deutlichen Anstieg erlebt hat. Andersherum werden Aktien, deren Kurs im Vergleich mit dem vor sechs Monaten um 5% oder mehr gefallen ist, mit einem Minuspunkt (-1) bewertet. Aktien, deren Kursgewinne oder -verluste, die unter 5% beziehungsweise über -5 % liegen, erhalten Null Punkte (0).

Der Ein-Jahres-Kurs-Verlauf

Auch der Kursverlauf einer Aktie, den diese innerhalb des Zeitraumes von einem Jahr aufweist, ist Teil des levermannschen Bewertungsmodells. Wie auch bei dem Sechs-Monats-Kurs-Verlauf wird hier der Durchschnittskurs gebildet und für die Berechnung genutzt. Auch die Bewertung ist dieselbe: liegt der aktuelle Kurs also beispielsweise 5% oder mehr über dem Durchschnittskurs des letzten Jahres, so gibt es einen Punkt (+1).

Das Kursmomentum

Diese Kennzahl hilft dabei, zu erkennen, ob eine Aktie eine Trendwende vollzieht. Mit anderen Worten, ob diese von einem Aufwärts- in einen Abwärtstrend übergeht oder umgekehrt. Levermann bewertet die Aktie, deren aktueller Kurs 5% oder mehr über dem Kurs vor sechs Monaten liegt, mit einem Punkt (+1). Allerdings muss dafür auch gegeben sein, dass der aktuelle Aktienkurs unterhalb von 5% des Kurses vor 12

Monaten liegt, sodass hier eine echte, positive Trendwende vorliegt. Ein Minuspunkt (-1) wird dann vergeben, wenn der aktuelle Kurs mindestens 5% unter dem Kurs vor sechs Monaten liegt und außerdem nicht unter 5% unterhalb des Kurses vor 12 Monaten liegt. Trifft beides nicht zu, so werden Null Punkte (0) vergeben.

Beispiel:

Der aktuelle Aktienkurs hat im Vergleich zu dem Kurs vor 12 Monaten 2% eingebüßt. Im Vergleich zu dem Kurs vor sechs Monaten hat der heutige, aktuelle Kurs 5% verloren. Die Aktie wird dementsprechend mit einem Minuspunkt (-1) bewertet, da eine negative Trendwende vorliegt.

Der Reversaleffekt

Diese Kennzahl dient dazu, einen Vergleich der Entwicklung einer Aktie über drei aufeinanderfolgende Monate mit der eines Index anzustellen, beispielsweise des Deutschen Aktien Index oder das US-amerikanischen Standard & Poor's 500 (S&P 500). Betrachtet werden die letzten drei Monate. Ein Punkt (+1) wird an solche Aktien vergeben, die in den letz ten drei Monaten in ihrer Kursentwicklung beziehungsweise -performance stets unter der des Vergleichsindex lagen. Einen Minuspunkt (-1) erhalten die Aktien, die in diesen drei (einzeln betrachteten) Monaten schlechter abschnitten als der Vergleichsindex. Null Punkte werden an Aktien vergeben, auf die die Kriterien für einen Punkt (+1) aber auch diese für einen Minuspunkt (-1) nicht zutreffen.

Beispiel:

Vor drei Monaten ist der Kurs der Aktie um 3 % gefallen, vor zwei Monaten um 4 % gestiegen und vor einem Monat um 1 % gefallen. Der Vergleichsindex stieg vor drei Monaten um 5 %, vor zwei Monaten konnte dieses Wachstum beibehalten werden und vor einem Monat kam es zu einem Fall des Index um 0,5 %. Nun werden die einzelnen Monate gegenübergestellt, um die relative Entwicklung der Aktie zu dem Vergleichsindex zu ermitteln. Dafür wird die Entwicklung des Vergleichsindex von der der Aktie subtrahiert, Monat für Monat.

Monat	Vor drei Monaten	Vor zwei Monaten	Vor einem Monat
Aktie	-3 %	+4 %	-1 %
Vergleichsindex	+5 %	+5 %	-0,5 %
= Ergebnis	-8 %	-1 %	-0,5 %

Aus der Tabelle ist ersichtlich, dass die Aktie in den drei betrachteten Monaten stets schlechter als der Vergleichsindex abschneidet und somit einen Punkt (+1) erhält.

Das Gewinnwachstum

Auch die Kennzahl Gewinnwachstum nutzt Levermann im Rahmen ihres Modells zur umfangreichen Bewertung von Aktien. Hier wird ein Vergleich der Schätzung für den Gewinn des kommenden Jahres mit der für das aktuell betrachtete Jahr angestellt, um zu ermitteln, ob die Gewinne steigen, stagnieren oder gar rückläufig sind. Ein Punkt (+1) wird dann vergeben, wenn steigende Gewinne erwartet werden. Dafür müssen die Erwartungen an den Gewinn des kommenden Jahres die des nächsten Jahres um mindestens 5% übersteigen. Einen Minuspunkt (-1) erhalten solche Aktien beziehungsweise Unternehmen, denen Gewinn-Erwartung für das kommende Jahr mindestens 5 % unterhalb der für das aktuelle Jahr liegt. Null Punkte (0) erhalten dementsprechend die Aktien, deren zukünftige Gewinnerwartung zwischen -5 % Prozent und +5% gegenüber der aktuellen Erwartungen liegen. Im nachfolgenden Beispiel soll dies nun veranschaulicht werden.

Beispiel:

Der Gewinn der Aktie wird für das kommende Jahr auf 1,50 Euro geschätzt. Dieses Jahr wird von einem Gewinn von 1,80 Euro ausgegangen. Es gilt nun, dass Gewinnwachstum zu ermitteln, um entweder einen Punkt (+1), Minuspunkt (-1) oder null Punkte (0) zu vergeben.

$$Gewinnwachstum = \frac{Endwert - Anfangwert}{Anfangswert}$$

$$Gewinnwachstum = \frac{1{,}50 - 1{,}80}{1{,}80} = -0{,}167 = -16{,}7\%$$

Das Gewinnwachstum der Aktie im Beispiel beträgt also - 16,7 % und ist somit eindeutig negativ, es werden fallenden Gewinne für das kommende Jahr erwartet. Außerdem liegt das Wachstum mehr als 5% unter der Erwartung für das nächste Jahr, sodass hier ein Minuspunkt (-1) vergeben wird.

Abschließende Worte zum Levermann-Verfahren

Nun, nachdem das Levermann-Verfahren, welches zu den sogenannten Scoring-Methoden gehört, ausführlich vorgestellt und beschrieben wurde, sollen nun abschließend einige Worte im Hinblick auf die Vor- und Nachteile desselben verfasst werden. Grundsätzlich ist von Vorteil, dass es sich bei dem Levermann-Verfahren um eine zumindest vergleichsweise objektive Methode für die Bewertung von Aktien handelt. Wie bereits weiter oben erwähnt, gibt Levermann klare Kauf- und Verkaufsempfehlungen. Liegen Aktien, die im Deutschen Aktien Index geführt werden und nach Levermann bewertet werden, bei vier Punkten oder darüber, so wird ein Kauf empfohlen. Anleger sollten diese hingegen verkaufen, wenn die Bewertung unter vier Punkten liegt. Bei Aktien, die in anderen Indizes gelistet werden, wird ab sieben Punkte gekauft und bei weniger als vier Punkten verkauft. Durch eben diese Empfehlungen wird verhindert, dass sich Anleger von ihrem Bauchgefühl leiten lassen und unkluge Entscheidungen treffen, logischerweise natürlich nur, wenn sich an diese gehalten wird. Als nachteilig zu bewertet ist allerdings der relativ hohe Zeitaufwand, der betrieben werden muss, wenn die Levermann- Methode für die Bewertung von Aktien zum Einsatz kommt. Da insgesamt 13 Kennzahlen betrachtet beziehungsweise analysiert und berechnet werden müssen und zwar nicht nur einmal, sondern ebenso im Zeitverlauf, um die Entwicklung der Aktie zu überprüfen, gehört die Levermann-Methode zu den aufwändigeren Strategien beziehungsweise Bewertungsmodellen. Natürlich ist auch diese Strategie kein Garant für außerordentlich hohe Renditen und die Bewertung im Rahmen des Punktesystems hängt von den verwendeten Zahlen der Analysen ab. Sind dieses ungenau, so ist es die Bewertung der Aktie dementsprechend auch. Anleger sollten unbedingt die Transaktionsgebühren des Brokers beziehungsweise der Direktbank im Blick behalten, denn verliert eine Aktie an Punkten, so wird nach dieser Strategie ein Verkauf erforderlich. Dies gilt natürlich auch andersherum, sodass unter Umständen häufige Umschichtungen des Depots stattfinden müssen. Ebenfalls ist negativ zu bewerten, dass die Levermann-Strategie und die damit zu erzielenden Renditen bislang noch nicht über einen Investitionszeitraum von über 20 Jahren betrachtet wurden, da diese relativ neu ist. Nichtsdestotrotz handelt es sich um ein einfach anzuwendendes (obwohl zeitaufwändiges) Verfahren, welches sich für Einsteiger aber auch für bereits erfahrenere Investoren und Privatanleger eignet, die die Strategie um weitere Kriterien ergänzen.

Fazit zu den vorgestellten Strategien

Im Rahmen dieses Buches wurden einige Strategien vorgestellt, die Aktionären dabei helfen können, gewinnbringend mit Aktien an der Börse zu handeln. Wie bereits mehrmals erwähnt wurde, ist es, unabhängig von der gewählten Strategie, wichtig bei derselben zu bleiben, um so langfristig erfolgreich zu sein. Natürlich ist keine der vorgestellten Strategien ein Garant für den Erfolg beim Aktienhandel, nichtsdestotrotz gilt aber, dass eine Strategie besser ist als keine. Die relative Stärke Strategie eignet sich aufgrund ihrer Einfachheit für Einsteiger, allerdings werden nur wenige Kennzahlen in Betracht gezogen, sodass Kritiker zu Rrecht feststellen, dass die Strategie verbesserungswürdig ist. Die Anleger sollten die Strategie dementsprechend um weitere Kennzahlen, wie das Kurs-Gewinn-Verhältnis ergänzen. Auch die Markenstrategie setzt auf die Aktien von Unternehmen, die bereits in der Vergangenheit stark an Wert gewonnen haben. Es wird also davon ausgegangen, dass dieser Trend auch in der Zukunft Bestand hat. Wird die Markenstrategie also von Anfängern verfolgt, so müssen teure Aktien erworben werden, mit der Hoffnung beziehungsweise Erwartung, dass diese ihren Wert weiterhin steigern. Wie bereits im Rahmen dieses Kapitels herausgearbeitet wurde, birgt die Dividendenstrategie einige Tücken, denn die Dividendenrendite steigt mit fallendem Aktienkurs. Dadurch wird die Aktienrendite geschmälert. Interessant für Anfänger ist allerdings die Small-Cap-Strategie, bei der es darum geht, mithilfe einiger Kennzahlen junge und gleichzeitig wachstums- sowie finanzstarke Unternehmen ausfindig zu machen und Anteile an denselben zu erwerben. Wichtig ist, dass solche Unternehmen frühzeitig und vor dem Einstieg großer Investoren erkannt werden, um von einem Anstieg des Aktienkurses zu profitieren. Die Strategie des antizyklischen Tradens mit der 50-Prozent-Verlust-Regel ermöglicht es Anlegern, die Emotionen und das Bauchgefühl außen vor zu lassen. Großer Vorteil ist, dass diese Aktien stark an Wert verloren haben und dementsprechend günstig zu erwerben sind. Damit der Anleger kein Geld verliert, sondern gewinnt, muss der Kurs selbstverständlich wieder steigen, so wie es bei zahlreichen Internet-Aktien nach dem Platzen der Dotcom Blase der Fall war. Die Strategie des antizyklischen Tradens ist einfach anzuwenden und empfiehlt sich somit auch für Anfänger. Im Gegensatz zu dieser, relativ einfach zu verfolgenden antizyklischen Strategie, ist das Value Investing deutlich komplizierter, da hier eine Vielzahl von Kennzahlen betrachtet wird. Die Kennzahlen, die Benjamin Graham nutzte, um im Rahmen der fundamentalen Analyse Aktien zu bewerten, sollten auch von Anfängern angewandt werden können. Die Berechnung des inneren Werts nach Graham ist ebenfalls unkompliziert, jedoch im Vergleich zu der Bestimmung desselben nach Buffett, weniger genau. Die KGV- wie auch die DCF-Methode verlangen nach einer umfangreichen Recherche und Analyse verschiedener Kennzahl sowie subjektiven Einschätzungen und Beurteilungen. Aus diesem Grund ist die Value Investing Strategie zwar durchaus eine gute Strategie, die über längere Zeiträume stabile Renditen möglich macht, jedoch aufgrund ihrer vergleichsweise hohen Komplexität und dem für die Analyse benötigten Zeitaufwand nur bedingt für Anfänger geeignet. Der Ansatz beziehungsweise die Strategie des Investors James O'Shaughnessy eignet sich für Anfänger. Es müssen deutlich weniger Kennzahlen analysiert werden, als es beispielsweise bei der Value Investing Strategie der Fall ist. Dennoch erzielten Anleger mit diesem Ansatz in der Vergangenheit attraktive Renditen. Besonders für Anfänger zu empfehlen ist die Levermann-Strategie. Diese ist zwar ebenso umfangreich wie die Strategien des Value Investing, jedoch sind die Bewertungskriterien im Rahmen des Punktesystems, welches Levermann entwickelte, fest definiert. Anfänger müssen lediglich die hier im Buch vorgestellten Schritte verfolgen, sprich alle 13 Kennzahlen berechnen und mit Punkten oder Minuspunkten bewerten. Damit Anleger nicht andauernd selbst die Entwicklung der nach der Levermann-Strategie gewählten Aktien selber aufwändig überprüfen muss, ist es sinnvoll sich im Internet zu erkundigen, denn hier werden viele Aktien, beispielsweise die im Deutschen Aktien Index gelistet sind, nach dem Verfahren bewertet. Das spart den Anlegern eine Menge Zeit und Aufwand.

Weitere Formen Der Geldanlage

IM FÜNFTEN KAPITEL DIESES BUCHES sollen dem Leser nun weitere Möglichkeiten der Geldanlage vorgestellt werden. Zuerst wird auf die Exchange Traded Funds eingegangen, um anschließend einen Blick auf Anleihen zu werfen. Das Ziel des Kapitels ist, dem Leser aufzuzeigen, dass auch mit diesen Geldanlagen Renditen erzielt werden können. Wie bereits erwähnt empfahl der Starinvestor Benjamin Graham, dass das Depot nicht ausschließlich aus Aktien bestehen, sondern zu einem Teil auch Anleihen beinhalten sollte. Das Stichwort ist also Diversifikation des Wertpapierdepots.

Exchange Traded Funds

Nachdem das Buch dem Leser einen Einblick in die Geldanlage in Aktien gegeben hat, soll nun auch ein Blick auf die Exchange Traded Funds (ETFs) geworfen werden, die bereits im (Unter-) Kapitel 2.1.6 kurz vorgestellt wurden.

Exchange Traded Funds sind sogenannte Indexfonds und bieten Anlegern die Möglichkeit, ihr Geld anzulegen, ohne dabei aktiv zu sein, wie es beispielsweise bei Aktien (selbstverständlich stets in Abhängigkeit von der Anlagestrategie) der Fall ist. Diese Fonds werden, wie es auch bei einzelnen Aktien der Fall ist, fortlaufend an der Börse gehandelt, können aber auch im Rahmen eines Sparplans erworben werden. Viele beschreiben die ETFs als perfekte Startmöglichkeit für Einsteiger, die bislang noch nicht an der Börse aktiv waren. Da sich Fonds und somit auch die Exchange Traded Funds aus mehreren Einzelaktien zusammensetzen, finden Anleger hier eine Möglichkeit der weiten Streuung und somit der Risikominimierung bei sehenswerten Renditen. Im Gegensatz zu Einzelaktien, bei denen es einzig und allein darum geht, alles auf ein Pferd, sprich auf das Geschäftsmodell beziehungsweise Produkt und / oder Dienstleistung einer Aktiengesellschaft zu setzen. Die Exchange Traded Funds kopieren lediglich die Entwicklung eines Aktienindex, also zum Beispiel den DAX, daher rührt die Bezeichnung Indexfonds. Aus diesem Grund gibt es keinen Fondsmanager, der für das Treffen von Anlageentscheidungen vergütet werden muss, was die ETFs deutlich günstiger als herkömmliche, aktiv betreute Investmentfonds macht. Wird also ein Exchange Traded Funds gekauft, der an die Entwicklung des Deutschen Aktien Index gekoppelt ist, so profitieren die Anleger von der Wertentwicklung desselben. Mit einer Geldanlage in ETFs ist es Anlegern ebenso möglich, von der Entwicklung der globalen Wirtschaft zu profitieren, dies ermöglicht beispielsweise der MSCI World ETF.

Die Preisbildung von ETFs

Die Preisbildung von Exchange Traded Funds gestaltet sich über den Tausch von Wertpapieren gegen Anteile des ETF. Dieser Prozess wird Creation-Redemption-Process genannt, was soviel wie Ausgabe-Rücknahme-Prozess bedeutet. Im Rahmen der Creation (Ausgabe) erhält die Fondsgesellschaft Wertpapiere von Börsenmaklern, die wiederum Anteile an dem ETF bekommen. Diese ETF-Anteile stehen dann dem börslichen Handel zur Verfügung. Die Redemption (Rücknahme) umfasst die Rückgabe der ETF-Anteile der Börsenmakler an die Fondsgesellschaft, die im Gegenzug die Wertpapiere an den Börsenmakler zurückgibt. Die Preisbildung durch den Creation-Redemption-Process ist äußerst wichtig. Würde diese nicht existieren beziehungsweise praktiziert werden, so würde der Preis für den ETF von dem Angebot und der Nachfrage abhängen, so wie es bei einzelnen Aktien der Fall ist. Exchange Traded Funds sind jedoch Indexfonds, die sich dem Index entsprechend entwickeln und eben nicht von dem Angebot und der Nachfrage abhängig sind.

Die Arten von ETFs - Ausschüttend, thesaurierend, physisch und synthetisch

Es gibt verschiedene Arten von ETFs, die zunächst hinsichtlich der Ausschüttung der Erträge unterschieden werden. Wie bereits angemerkt, existieren sparplanfähige ETFs, auf die weiter unten genauer eingegangen wird. Ausschüttende Exchange Traded Funds zeichnen sich dadurch aus, dass die Erträge, wie Anleihezinsen und Aktiendividenden, regelmäßig ausgeschüttet beziehungsweise ausgezahlt werden. Mit anderen Worten haben Anleger die Möglichkeit, über die ausgeschütteten Mittel frei zu verfügen, zum Beispiel, um die kommende Nebenkostenabrechnung des Haushalts zu bezahlen. Natürlich kann das Geld auch wieder angelegt werden. Bei thesaurierenden ETFs hingegen, werden die Erträge stets automatisch wieder im ETF angelegt. Diese sind also nicht frei verfügbar, haben jedoch den großen Vorteil, dass Anleger so von einer Art Zinseszinseffekt profitieren können. Vor allem, wenn geplant ist, einen Sparplan über einen langen Zeitraum (was zu empfehlen ist) zu nutzen, macht sich dieser Effekt positiv bemerkbar.

Außerdem werden Exchange Traded Funds in mehrere Replikationsmethoden unterschieden. Die Replikationsmethode gibt Aufschluss über die Art der Nachbildung beziehungsweise Replikation eines Index. Die Anleger können sich entweder für einen ETF mit physischer Replikation (auch direkte Replikation) oder für einen mit synthetischer Replikation (indirekte Replikation) entscheiden. Ein ETF mit direkter, physischer Replikation bildet einen kompletten Index nach, indem alle Aktien, die tatsächlich in diesem gelistet sind, gekauft und verkauft werden. Es gibt allerdings auch die sogenannte Sampling-Methode, bei der lediglich die Aktien in den Fond aufgenommen werden, die einen vergleichsweise großen Einfluss auf die Entwicklung des Index haben. Die ETFs mit synthetischer, indirekter Replikation bilden die Entwicklung von Indizes über sogenannte Swap-Geschäfte ab. Dabei bildet ein Dritter, zum Beispiel eine Investmentbank, die entsprechende Zahlungsströme des Index künstlich nach. Auf diese Swap-Geschäfte soll hier nicht weiter eingegangen werden. Wichtig ist jedoch zu wissen, dass die ETFs mit der indirekten Replikation günstiger sind, allerdings auch das Risiko bergen, dass der Vertragspartner (beispielsweise die Investmentbank) ausfällt und seinen Zahlungen nicht mehr nachkommt.

Die Wahl des ETF - Was gibt es zu beachten?

Je nach dem, an welcher Entwicklung die Anleger profitieren möchten, wird der ETF (-Sparplan) gewählt. Hier werden dem Leser nun einige Kriterien vorgestellt, die bei der Wahl des Exchange Traded Fund behilflich sind.

Im ersten Schritt muss, wie auch für den Handel von Aktien, ein Depot bei einer

Direktbank oder einem Broker eröffnet werden, über das die Geschäfte an der Börse abgewickelt werden.

Dann ist zunächst wichtig, dass sich für einen ETF entschieden wird, der sich durch eine breite Diversifikation auszeichnet, also viele Aktien von Unternehmen beinhaltet, die in verschiedenen Branchen tätig sind. Im Rahmen der Diversifikation müssen Anleger entscheiden, an welchem Markt diese partizipieren möchten. Wie bereits angemerkt, eignet sich der MSCI World All World Index, der über 2400 Aktiengesellschaften aus mehr als 45 Ländern abbildet, dafür, um die Weltwirtschaft beziehungsweise die Entwicklung der Weltbörsen abzubilden. Erwähnenswert ist an dieser Stelle auch, dass es einen Index gibt, der wirtschaftliche Entwicklung der Schwellenländer abbildet, der MSCI Emerging Markets Index. Soll sich auf europäische Aktien verlassen werden, so kommt beispielsweise der MSCI Europe Index infrage, der sich hauptsächlich aus britischen, französischen und deutschen Aktien zusammensetzt. Möchten Anleger nur deutsche Aktien in dem ETF haben, so eignet sich ein ETF, der den Deutschen Aktien Index (DAX) abbildet.

Zu erwähnen ist hier, dass Exchange Traded Funds von zahlreichen Anbietern angeboten werden. Diese legen die Zusammensetzung des Fonds fest, erstellen also Indizes. So auch das US-amerikanische Finanzdienstleistungsunternehmen MSCI, welches ihren Sitz in New York hat.

Des Weiteren empfiehlt es sich, im Gegensatz zu Einzelaktien, mit ETFs keine Strategie zu verfolgen, denn es handelt sich schließlich um ein passives Finanzprodukt, welches über langen Zeitraum Teil des Portfolios bilden sollte.

Eine der wichtigsten Kriterien für den Kauf eines ETF (-Sparplans) ist, dass die Kosten desselben so gering wie möglich sein sollten. Bei herkömmlichen Investmentfonds werden vergleichsweise hohe Gebühren berechnet. Aus diesem Grund sollte unbedingt ein Blick auf die Gesamtkostenquote (totel expense ratio) geworfen werden, auch die Höhe des Ausgabeaufschlags ist zu berücksichtigen. Es gibt einige Anbieter, die den Anlegern attraktive Rabatte auf den Ausgabeaufschlag gewähren, sodass die Rendite durch diesen nicht gemindert wird. Diese Kosten werden dann mit der jährlichen Rendite verglichen. Dies soll kurz im folgenden Beispiel erläutert werden.

Beispiel:

Im Rahmen dieses Beispiels soll ein aktiv gemanagter Fond mit einem teurem und einem günstigen Exchange Traded Fund verglichen werden, um dem Leser die Unterschiede im Hinblick auf die Kosten und somit auf die zu erwartende Rendite zu geben. Im Beispiel wird davon ausgegangen, dass die jährliche Rendite der drei Finanzprodukte über 30 Jahre Anlagezeitraum 7 % beträgt. Die total expense ratio sowie auch der Ausgabeaufschlag sind verschieden, wodurch sich deutlich höhere Rendite erzielen lassen. (siehe Tabelle)

	Aktiv gemanagter Fonds	Teurer ETF	Günstiger ETF
Anfangs-Investment	10.000 Euro	10.000 Euro	10.000 Euro
Ausgabeaufschlag	4 %	0,2 %	0,2 %
Rendite pro Jahr	7 %	7 %	7 %
Total expense ratio	1,5 %	0,5 %	0,2 %

Dauer d. Investments	30 Jahre	30 Jahre	30 Jahre
Wert d. Invesments nach 30 Jahren	47.846 Euro	66.011 Euro	71.823 Euro
Differenz zu aktiv gemangtem Fond	---	18.165 Euro	23.977 Euro
Differenz zwischen teurem ETF	---	---	5.812 Euro

Den Ergebnissen dieser tabellarischen Veranschaulichung liegen Berechnungen mit dem Programm Microsoft Excel zugrunde. Diese sollen hier kurz an dem Beispiel des aktiv gemanagten Fonds aufgezeigt werden. Zunächst ist wichtig zu erwähnen, dass der Anfangswert beziehungsweise die Anfangsinvestition in der Tabelle nicht 10.000 Euro beträgt, sondern 9.600 Euro. Das liegt daran, dass von den 10.000 Euro der Anfangsinvestition der Ausgabeaufschlag von 4 % direkt zu Beginn der Investition abgezogen wird. Anschließend werden die Renditen für die Anfangswerte eines jeden Jahres berechnet (Anfangswert eines jeden Jahres * 7 % Rendite). Im nächsten Schritt wird die Summe aus dem Anfangswert und der Rendite des Anfangswerts erstellt. Dann folgt die Berechnung der Gebühren auf Basis des Anfangswerts des entsprechenden Jahres (Anfangswert * - 1,5 %TER). Aus diesem Ergebnis wird anschließend die Summe mit dem Anfangswert plus der Rendite gebildet, sodass der Endwert eines jeden Jahres bestimmt wird. Dieser ist gleichzeitig der Anfangswert des nächsten Jahres. Die Berechnung beginnt dann von vorne, bis die Dauer des Investments von 30 Jahren erreicht wird. Der letzte ermittelte Endwert stellt also den Wert des Investments nach 30 Jahren dar.

Jahre	Anfangswert eines Jahres	Rendite aus Anfangswert	Ergebnis: Anfangswert plus Rendite	Errechnete Gebühren (TER) aus Anfangswert (Anfangs wert * - 1,5 %)	Endwert eines jeden Jahres (entspricht Anfangswert d. nächsten Jahres)
1	9600	672	10272	-144	10128
2	10128	708,96	10836,96	-151,92	10685,04
3	10685,04	747,952	11432,99	-160,27	11272,71
4	11272,71	789,090	12061,80	-169,09	11892,71
5	11892,71	832,490	12725,20	-178,39	12546,81
6	12546,81	878,277	13425,09	-188,20	13236,89
7	13236,89	926,58	14163,47	-198,55	13964,91
8	13964,91	977,544	14942,46	-209,47	14732,99
9	14732,99	1031,3	15764,29	-220,99	15543,30
10	15543,30	1088,03	16631,33	-233,14	16398,18
11	16398,18	1147,87	17546,05	-245,97	17300,08
12	17300,08	1211,00	18511,09	-259,50	18251,59
13	18251,59	1277,61	19529,20	-273,77	19255,42
14	19255,4	1347,88	20603,30	-288,83	20314,47
15	20314,4	1422,01	21736,49	-304,71	21431,77

16	21431,7	1500,2	22931,99	-321,47	22610,52
17	22610,52	1582,73	24193,25	-339,15	23854,10
18	23854,10	1669,78	25523,88	-357,81	25166,07
19	25166,07	1761,62	26927,70	-377,49	26550,21
20	26550,21	1858,51	28408,72	-398,25	28010,47
21	28010,47	1960,73	29971,20	-420,15	29551,04
22	29551,04	2068,57	31619,6	-443,26	31176,3
23	31176,35	2182,34	33358,70	-467,64	32891,05
24	32891,05	2302,37	35193,42	-493,36	34700,063
25	34700,06	2429,00	37129,06	-520,50	36608,56
26	36608,56	2562,59	39171,16	-549,12	38622,03
27	38622,03	2703,54	41325,58	-579,33	40746,24
28	40746,24	2852,23	43598,48	-611,19	42987,29
29	42987,29	3009,1	45996,40	-644,80	45351,59
30	45351,59	3174,61	48526,20	-680,27	47845,93

Da in der Tabelle einige Begriffe verwendet wurden, die noch nicht erwähnt beziehungsweise erklärt wurden, soll diese Informationsbox nun dazu dienen, Klarheit zu schaffen. Bei dem Ausgabenaufschlag handelt es sich um eine prozentuale Gebühr, die einmalig erhoben wird, sobald ein Fonds (Investmentfond oder ETF) erworben wird. Werden also beispielsweise 10.000 Euro in den Fond investiert und die Gebühr liegt bei 5 %, so sind dies 500 Euro, die von dem Anfangs-Investment abgezogen werden und somit nicht in den Fond miteinfließen. Die Gesamtkostenquote (TER – total expense ratio) hingegen wird dem Anleger eines Fonds jährlich berechnet und enthält alle Gebühren, die für die Verwaltung, für das Depot bei der Direktbank oder bei dem Broker, etc. erhoben werden. Logischerweise ist es sinnvoll, einen Exchange Traded Fund zu wählen, der möglichst günstige Gebühren erhebt, denn diese schmälern, wie bereits angemerkt und im Beispiel veranschaulicht, die Rendite des Investments.

Wie das Beispiel verdeutlicht, machen die Höhe des Ausgabeaufschlages sowie der total expense ratio (TER) einen enormen Unterschied und schmälern den Wert der Anlage zum Ende der Dauer des Investments drastisch. Darum ist es wichtig, erneut zu betonen, dass günstige Exchange Traded Funds erworben werden sollten, denn es geht schließlich um tausende Euro, die von Gebühren teurer Fonds „verschlungen" werden.

Wie bereits weiter oben erwähnt, müssen Anleger zwischen physisch und synthetisch nachgebildeten beziehungsweise replizierten ETFs wählen. Die erste ist die sichere Variante, während die zweite günstiger ist. Der Grund dafür ist, dass die Transaktionskosten für den Kauf- und Verkauf der im Index gelisteten Aktien sehr hoch sind. Bei Indizes, die nur wenige Titel enthalten, wie beispielsweise der Deutsche Aktien Index, sind diese noch überschaubar, bei anderen Indizes, die hunderte oder gar tausende Titel beinhalten, sind die Kosten deutlich höher.

Im Hinblick auf die Langfristigkeit von Exchange Traded Funds spielt die Größe beziehungsweise das Volumen derselben eine Rolle. Sind Anleger an einem eu-

ropäischen ETF interessiert, so sollten diese darauf achten, dass das Volumen mindestens 100 Millionen Dollar beträgt, besser sind jedoch Werte, die deutlich darüber liegen. Das Volumen ist so wichtig, da die Anbieter von Fonds, sollte das Volumen nicht so steigen, wie es erwartet wurde, den Exchange Traded Fund einstellen oder mit einem anderen zusammenlegen können. Tritt ein solches Szenario ein, so müssen die Anleger rechtzeitig informiert werden, um ausreichend Zeit für einen Verkauf zu haben.
Auch das Alter des Exchange Traded Funds ist zu beachten, um so Auskunft über die Langlebigkeit beziehungsweise Bestandskraft des Fonds zu erhalten. Das Mindestalter sollte fünf Jahre betragen.

Ebenso die ist die Liquidität des ETF zu berücksichtigen, da diese Aufschluss über den Spread, sprich den Unterschied zwischen Geld- und Briefkurs, gibt. Fonds (und auch Aktien) mit einer hohen Liquidität können schneller wiederverkauft werden, denn je niedriger der Spread, desto günstiger gestalten sich die Handelskosten für die Anleger.

ETFs und klassische Aktienfonds im Vergleich

Wie bereits angemerkt, handelt es sich bei Exchange Traded Funds um solche, die passiv gemanaged werden und somit im Gegensatz zu den aktiv betreuten Aktienfonds stehen. Bei den letzten entscheidet ein Fondsmanager über die Aktien, die in den Fond aufgenommen werden sollen. Problematisch an herkömmlichen, aktiv betreuten Fonds ist, dass diese besser als der Markt sein müssen, um für Anleger attraktiv zu sein. Dies ist jedoch nur in seltenen Fällen der Fall, sodass ETFs deutlich interessanter für Anleger sind, vor allem für Anfänger. Ein aktiver Fond mit globaler Ausrichtung kostet Anleger ungefähr 2 % im Jahr. Im Vergleich zu den ETFs, beispielsweise dem MSCI World, der von den Anleger lediglich Gebühren in Höhe von 0,2 % bis 0,5 % jährlich erhebt, ist dies ein enormer Unterschied. In anderen Worten formuliert bedeutet das, dass der Manager des Fonds die richtigen Anlageentscheidungen treffen muss, damit die Gebühren durch die positive Wertentwicklung des Fonds ausgeglichen werden. Die Wertentwicklung des Fonds muss also über dem des zugrundeliegenden Index liegen. Wie bereits im Beispiel weiter oben gezeigt wurde, zeichnen sich erhebliche Unterschiede hinsichtlich des Investments-Werts zum Ende der Investitionsdauer ab.

Exchange Traded Funds Sparpläne

Ein ETF-Sparplan eignet sich für Anleger, die ihr Geld langfristig vermehren möchten, beispielsweise für die private Altersvorsorge. Anleger, die ihr Geld in einen Exchange Traded Fund investieren möchten, haben durch einen Sparplan die interessante Möglichkeit, monatlich kleine Beträge anzusparen. Die zahlreichen Direktbanken und online Broker, die solche sparplanfähigen ETFs anbieten, erlauben bereits Einzahlungen ab 25 Euro monatlich.

Vom Grundprinzip her unterscheidet sich ein solcher ETF-Sparplan nicht von einem gewöhnlichen Banksparplan. Unterschiedlich zu einem Banksparplan ist jedoch, dass das angesparte Vermögen kurzzeitig an Wert verlieren kann. Das ist schlichtweg auf die Schwankungen an der Börse zurückzuführen. Wird sich also dazu entschieden, einen ETF zu besparen, so partizipieren die Anleger an der Entwicklung des jeweiligen Aktienindex. Neben der langfristigen Möglichkeit, hohe Renditen mit dem Sparplan zu erzielen, bietet dieser einen weiteren Vorteil, den der hohen Flexibilität. Anleger, die etwas Geld übrighaben, können die Zahlung erhöhen, Anleger, die sich in einer finanziellen Notsituation befinden, profitieren davon, dass die Anteile an dem ETF jederzeit wieder veräußert werden können. Ob dies sinnvoll ist, hängt natürlich von dem aktuellen Kurs des Index ab.

Die Funktionsweise eines solchen Sparplans ist vergleichsweise simpel. Jeden Monat, in dem der Anleger die (Ein-) Zahlungen leistet, werden Anteile entsprechend der gezahlten Rate an dem ETF hinzugekauft. Im Rahmen eines ETF-Sparplans sollte sich für einen thesaurierenden Exchange Traded Fund entschieden werden, der die ausgeschütteten Dividenden wieder im Fondsvermögen anlegt und so zusätzlich zu der Entwicklung des Indexkurses dabei hilft, Vermögen aufzubauen. Viele Anleger, die an einem ETF-Sparplan interessiert sind, fragen sich zu Recht, zu welchem Zeitpunkt ein Einstieg günstig ist. Grundsätzlich befindet sich zu Beginn des Sparens nur wenig Kapital im Sparplan, sodass Kurse, die fallen, nicht von großer Bedeutung sind. Hier spielt die Langfristigkeit der Geldanlage eine wichtige Rolle, der Zeitpunkt des Einstiegs ist also weniger wichtig. Jedoch macht eben diese Langfristigkeit den Zeitpunkt des Ausstiegs aus dem Sparplan bedeutend. Sind die vorab definierten 25 Jahre kurz davor zu verstreichen und befindet sich der jeweilige Kurs des Index gerade in einem Abwärtstrend, so kann ein Verkauf das angesparte Geld, sprich die Rendite, deutlich mindern. Aus diesem Grund ist es zu empfehlen, auf eine Erholung des Kurses zu warten, dann die ETF-Anteile zu verkaufen und auf diese Weise das Sparziel zu erreichen. Eine andere Möglichkeit ist, die Anteile schon dann zu veräußern, wenn das Sparziel bereits, vor dem Ablauf des definierten Anlagezeitraums, erreicht wurde.

Die nachfolgende Tabelle, die von finanztip.de auf Basis der Daten von MSCI erstellt wurde, zeigt auf eindrucksvolle Weise, dass mit einer Einzahlung von 100 Euro pro Monat hohe Renditen erwirtschaftet werden können. Der Zeitraum, der hier betrachtet wurde, ist 15 Jahre. Zu erwähnen ist hier allerdings, dass die Verwaltungsgebühren herausgerechnet wurden.

Jahr Beginn	Jahr Ende	Endbetrag	durchschnittliche Rendite pro Jahr
1969	1984	43.534 €	10,95%
1974	1989	60.447 €	14,78%
1979	1994	36.639 €	8,91%
1984	1999	58.814 €	14,46%
1989	2004	27.125 €	5,25%
1994	2009	18.727 €	0,52%
2000	2015	32.220 €	7.36 %
2002	2017	35.794 €	8,63%

Quelle: Berechnung von Finanztip.de auf Basis von Daten des MSCI World Index (abzüglich der Verwaltungskosten)

Aus der Tabelle ist ersichtlich, dass die durchschnittliche jährliche Rendite in den einzelnen betrachteten Zeiträumen teils stark unterschiedlich ausgefallen ist und zwischen 0,52 % (niedrigste durchschnittliche Rendite) und 14,46 % (höchste durchschnittliche Rendite) schwankt. Dies veranschaulicht auch die Bedeutung des richtigen Ausstiegszeitpunktes.

Die Vor- und Nachteile von ETFs

Wie bereits aus den vorangegangen Unterkapiteln hervorgegangen sein sollte, bieten Exchange Traded Funds eine ganze Reihe an Vorteilen, die hier noch einmal übersichtlich zusammenfassend dargestellt werden sollen. Natürlich werden die Nachteile nicht außer Acht gelassen.

Steigen die Kurse der Aktien, die im jeweiligen, nachgebildeten Index gelistet sind, so haben Anleger die Chance auf hohe Renditen und Gewinne. Langfristig betrachtet, sind die Renditeerwartungen höher als bei anderen Formen der Geldanlage. Anleger profitieren außerdem von Dividendenzahlungen und haben die Möglichkeit zwischen verschiedensten Indizes zu wählen.

Anleger müssen sich bewusst sein, dass auch mit ETFs, also einer vermeintlich sicheren Geldanlage, Verluste erzielt werden können. Diese ergeben sich logischerweise dann, wenn die Aktienkurse fallen.

Außerdem ist die Rendite nicht fest, wie es bei Anleihen der Fall ist, sondern hängen direkt von der Index-Entwicklung ab. Des Weiteren müssen Anleger ab bestimmten Beträgen eine Abgeltungssteuer zahlen, die die Höhe der Gewinne mindert.

Kurzer Einblick in ETFs und die Steuer

Wie bereits erwähnt, haben Exchange Traded Funds auch ihre negativen Seiten. Eine davon stellen die zu zahlenden Steuern dar. Neu, seit dem Jahr 2018 ist, dass die Besteuerung von Fonds in Deutschland vereinfacht werden soll. Zu berücksichtigen sind hier die Höhe der Ausschüttung, der Wert des Fondsanteils zu Anfang des Jahres sowie der Wert zum Jahresende und der Typ des Fonds. Allerdings ist diese Thematik sehr spezifisch auf die steuerlichen Regelungen bezogen, sodass hier nicht näher darauf eingegangen werden soll. Praktisch sind ETF- Steuerrechner, die im Internet zu finden sind und Anlegern dabei helfen, einen Überblick über die abzuführenden Steuern zu gewähren. Von diesen hängt schließlich auch die zu erwartende Rendite ab.

Abschließendes Fazit zu Exchange Traded Funds als nachhaltige Geldanlage für den Vermögensaufbau

ETFs stellen eine Art Kombination der Vorteile von drei Anlageklassen dar. Wie es auch bei Aktien der Fall ist, können Exchange Traded Funds zu einem beliebigen Zeitpunkt zu dem aktuellen Börsenwert gehandelt werden und stellen somit eine flexible Möglichkeit der Geldanlage dar. Da ETFs im Hinblick auf die Gebühren ähnlich günstig sind, wie Zertifikate, eignet sich dieses Finanzprodukt auch für private Anleger mit wenig Erfahrung. Das liegt natürlich auch daran, dass sich lediglich Gedanken über die Wahl des ETF gemacht werden muss. Wie auch herkömmliche, aktiv gemanagte Investmentfonds bieten Exchange Traded Funds den Vorteil einer breiten Risikostreuung. Kursverluste von einzelnen, im Vergleichsindex gelisteten Aktien, werden durch Kursgewinne anderer dort geführter Aktien ausgeglichen. Insgesamt handelt es sich also um eine sichere Anlageklasse, die sich optimal für Einsteiger eignet. Wichtig ist, dass im Rahmen der Wahl der Direktbank oder des online Broker darauf geachtet wird, dass die Gebühren möglichst gering sind. Auf den Ausgabeaufschlag verzichten übrigens einige Depot-Anbieter. Eben diese gilt es im Rahmen einer online Recherche zu finden.

Anleihen

Was Anleihen sind wurde bereits im Unterkapitel 1. erläutert. Nun soll jedoch genauer auf diese Form der Geldanlage eingegangen werden. In der Vergangenheit waren Anleihen eine gute Möglichkeit, attraktive Renditen zu erzielen. Das lag daran, dass die (Markt-) Zinsen tendenziell weniger wurden und der Kurs der Anleihen folglich an Wert gewann. Andersherum sorgen steigende Zinsen dafür, dass die Kurse von Anleihen fallen. Das ist auf die Wechselbeziehung zwischen konventionellen Anleihen und deren Zinsen zurückzuführen, da fallende Renditen dafür sorgen, dass Anleihen, die in der Zukunft ausgegeben werden sollen, weniger gut verzinst sind. So werden alte Anleihen, die hohe Zinskupons enthalten, attraktiver, da der Kurs steigt. Doch mehr zu den Risiken, die mit Anleihen in Verbindung stehen, weiter unten. Zunächst sollen dem Leser die Gründe für die Ausgabe von Anleihen erläutert werden.

Gründe für die Ausgabe von Anleihen

Wie bereits erwähnt, können Anleihen von Unternehmen aber auch von Staaten ausgegeben werden. Grundsätzlich wird der Bedarf an finanziellen Mitteln über Anleihen mittel- bis langfristig gedeckt. Ein Grund für die Ausgabe von Anleihen kann also sein, dass das Unternehmen hohe Summen Geld benötigt und die von der Bank gewährten Kredite dafür nicht ausreichen oder schlichtweg zu teuer sind. Eben dies, also die günstigere Möglichkeit der Fremdfinanzierung über Anleihen, ist ein weiterer Grund. Außerdem werden Unternehmen durch die Diversifizierung der Fremdkapitalgeber unabhängiger von einzelnen Banken beziehungsweise Kreditinstituten. Staaten geben Anleihen gleichermaßen aus, um Zahlungsverpflichtungen nachzukommen.

Die Funktionsweise von Anleihen und wichtige Begrifflichkeiten

Wird eine Anleihe ausgegeben, so leiht der Anleger dem Emittenten der Anleihe (Unternehmen oder Staat) Geld, welches zu einem späteren, vorher definierten Zeitpunkt zurückgezahlt wird. Während des Zeitraums zwischen Emission (Ausgabe) der Anleihe und dem Ende der Laufzeit derselben, erhält der Anleger Zinsen. Bevor dies nun an einem Beispiel erläutert werden soll, ist es wichtig, folgende Begrifflichkeiten zu kennen.

Das gesamte Volumen der Anleihe, sprich das Geld, welches durch die Emission der Anleihen „eingesammelt" werden soll, wird in gleich große Teilbeträge gestückelt. Diese werden als Nominal- beziehungsweise Nennwert bezeichnet und entsprechen meist 100 %, die am Ende an den Anleger zurückgezahlt werden.

Viele Anleihen werden an der Börse gehandelt, sodass die Veräußerung während der Laufzeit zum aktuellen Kurswert möglich ist. Die Kurse von Anleihen werden an der Börse in Prozent des Nominal- beziehungsweise Nennwertes notiert. Beispielsweise notiert eine Anleihe mit einem Nennwert von 1.000 Euro bei einem Kurs von 96 %. Daraus ergibt sich ein Kurswert von 960 Euro (Nennwert * Kurs).

Bei dem Kupon handelt es sich um die nominale Verzinsung der Anleihe, die während der gesamten Laufzeit an die Anleger gezahlt wird. Auch die Laufzeit spielt bei Anleihen eine wichtige Rolle und stellt logischerweise die Zeitspanne zwischen dem Zeitpunkt der Emission und dem Laufzeitende dar.

Beispiel:

Ein Unternehmen benötigt dringend Geld, um eine große Investition finanzieren zu können. Es wird sich für die Emission von (Unternehmens-) Anleihen entschieden, um den Bedarf an finanziellen Mitteln für die Investition decken zu können, ohne weitere Kredite bei der Bank aufzunehmen. Insgesamt beträgt der Finanzierungsbedarf und somit das Anlagevolumen 10 Millionen Euro. Der Nenn- beziehungsweise Nominalwert beträgt 1000 Euro, das Anlagevolumen wurde also in 10.000 „Stücke" unterteilt. Der Kupon beziehungsweise Nominalzins beträgt 5% des Nominalwerts der Anleihe, bei einer Laufzeit von fünf Jahre.

Anleihevolumen: 1.000.000 Euro

Nennwert: 1.000 Euro

Stückzahl: 10.000 Kupon/

Nominalzins: 5%

Laufzeit: 5 Jahre

Jahr		Betrag	Saldo
0	Kauf der Anleihe	-1000 Euro	-1000 Euro
1	Zahlung d. Zinsen (5%)	+ 50 Euro	+ 50 Euro
2	Zahlung d. Zinsen (5%)	+ 50 Euro	+ 100 Euro
3	Zahlung d. Zinsen (5%)	+ 50 Euro	+ 50 Euro
4	Zahlung d. Zinsen (5%)	+ 50 Euro	+ 200 Euro
5	Zahlung d. Zinsen (5%)	+ 50 Euro	+ 250 Euro
5	Rückzahung	+ 1.000 Euro	1.250 Euro

Der Anleger erwirbt eine Anleihe zu dem Nennwert von 1.000 Euro zum Zeitpunkt / im Jahr 0. Da der Kupon beziehungsweise Nominalzins der Anleihe 5% beträgt und nicht verändert werden kann, erhält der Anleger nun jedes Jahr über die gesamte Laufzeit der Anleihe 50 Euro (1.000 Euro * 5 %). In der rechten Spalte der Tabelle (Saldo) werden die Zinserträge aufsummiert. Über fünf Jahre wurde insgesamt 250 Euro an Zinsen erzielt. Durch die Rückzahlung des Nenn- beziehungsweise Nominalwerts der Anleihe zum Ende der Laufzeit, hat der Anleger dann insgesamt 1.250 Euro und somit eine Rendite von 250 Euro erzielt.

Im folgenden Unterkapitel wird ein Blick darauf geworfen, woraus sich der Kurs von Anleihen bildet und wieso dieser Schwankungen unterliegt.

Der Kurs von Anleihen

Wie bereits direkt zu Beginn kurz thematisiert wurde, hat der Marktzins großen Einfluss auf den Wert von Anleihen. Das liegt daran, dass der Emittent der Anleihe vor der Emission derselben die Höhe des (Zins-) Kuponsfestlegt. Dies geschieht in Abhängigkeit von der eigenen Bonität und von dem aktuellen Marktzins. Grundsätzlich bieten Unternehmen und Staaten, die als bonitätsstark gelten, niedrigere Zinsen, dafür aber eine deutlich höhere Sicherheit im Hinblick auf die vollständige Rückzahlung der Anleihe. Nach der Ausgabe beziehungsweise Emission der Anleihe, wird, wie es auch bei Aktien der Fall ist, täglich der aktuelle Marktpreis ermittelt. Dieser ist direkt von dem Marktzins abhängig. Steigt dieser, so verliert der Anleihekurs an Wert, fällt der Marktzins, so gewinnt der Anleihekurs an Wert. Der Grund (für einen fallenden Anleihekurs) ist, dass die Kupons von neuen Anleihen, die noch nicht emittiert wurden, eben diesem gestiegenen Marktzins entsprechen und somit attraktiver für Anleger wären. Diese wechselseitige Beziehung zwischen Zinskupon und Marktzins soll an einem Beispiel erläutert werden, um für Klarheit zu sorgen.

Beispiel – Halten der Anleihe über die gesamte Laufzeit

Investition des Anlegers	Anleihe Laufzeit	Anlei- hekurs	Nominalwert beim Kauf	Zinsku pon	Markt zins beim Kauf
10.000 Euro	10 Jahre	100 %	100 Euro	5 %	5 %

Die Höhe des Zinskupon zum Zeitpunkt des Kaufs der Anleihe durch den Anleger liegt genau bei dem aktuellen Marktzins. Schwankt der Marktzins nun, so kann die Anleihe nicht mit einer Anpassung des Zinskupons reagieren, da dieser festgelegt ist und nicht verändert werden darf. Dementsprechend werden die Zinsdifferenzen (zwischen Zinskupon und Marktzins) über eine Veränderung des Nominalwerts ausgeglichen. Hält der Anleger die Anleihe bis zu dem Ende der Laufzeit derselben, so hat diese Veränderung des Nominalwerts keine Auswirkungen auf die Geldanlage. In anderen Worten formuliert erhält der Anleger jedes Jahr die Zinsgutschrift in Höhe des Kupons sowie am Ende der Laufzeit den kompletten Nominalwert zurück. Soll die Anleihe jedoch vor dem Ablauf der Laufzeit verkauft werden, spielt der Marktzins eine entscheidende Rolle.

Beispiel – Verkauf der Anleihe nach zwei Jahren bei steigendem Marktzins

Invostition	Zins-kupon	Marktzins (Verkaufszeit-punkt	Anleihekurs (Verkaufszeit-punkt)	Nominal-wert der Anleihe	Kurswert der Anleihe	
10.000 Euro		5 %	7 %	84 %	10.000 Euro	8.400 Eu-ro

Möchte der Anleger, beispielsweise weil er dringend Geld benötigt, die Anleihe schon nach zwei Jahren verkaufen, so hat der Marktzins Auswirkungen auf die Höhe der Auszahlung. Angenommen dieser steigt nach zwei Jahren von 5% (zum Kaufzeitpunkt) auf 7 % (zum Verkaufszeitpunkt), so sinkt der Kurs der Anleihe. Der Marktzins liegt also2% über dem Zinskupon. Daraus folgt, dass die Zinseinnahmen über die verbleibende Laufzeit beziehungsweise Restlaufzeit der Anleihe (acht Jahre) um insgesamt 16 % (2 %/Jahr * 8Jahre = 16 %) hinter denen von neuen Anleihen liegen, die mit einem Kupon von 7% erworben werden könnten. Der Anleihekurs wird daran angepasst und beträgt folglich 84 % (100 % - 16 % = 84%). Das geschieht schlichtweg, damit andere Anleger, die Interesse an einer Anleihe als Geldanlage haben, nicht durch die niedrige Kuponverzinsung abgeschreckt werden. Diese wird zwar nicht dem Marktzins angepasst, jedoch wird (wie gleich in der Tabelle ersichtlich) dieser Zinsverlust über die verbleibende Laufzeit durch einen günstigeren Kurswert beziehungsweise Kaufpreis ausgeglichen. Der Verkäufer der Anleihe profitiert davon selbstverständlich nicht.

Der Anleger erzielt über die zwei Jahre, in denen die Anleihe gehalten wurde, jährliche Zinszahlungen in Höhe von 5% der Investition, also 1000 Euro (2 Jahre * (10.000 Euro * 5 %/Jahr) = 1000 Euro). Durch den frühzeitigen Verkauf der Anleihe lange vor dem Ablauf der Laufzeit und den zu diesem Zeitpunkt aktuellen Marktzins (7%), liegt der Kurswert der Anleihe, zu welchem diese verkauft wird, unter der Investition von 10.000 Euro. Der Gesamtgewinn, der durch den Kauf der Anleihe und den Verkauf derselben nach fünf Jahren erzielt wurde, beträgt dementsprechend die Summe der Zinserträge abzüglich des Kursverlustes. Der Kursverlust ist die Differenz aus der anfänglichen Investition beziehungsweise dem Kaufpreis der Anleihe und dem Kurswert beziehungsweise Verkaufspreis zum Verkaufszeitpunkt. In diesem Beispiel entspricht der Kursverlust also 1600 Euro (10.000 Euro – 8.400 Euro = 1600 Euro) und der Gesamtgewinn - 600 Euro (1.000 Euro – 1.600 Euro = - 600 Euro).Es wurde also kein Gewinn, sondern viel mehr ein Verlust eingefahren, da die Anleihe lange vor dem Ende der Laufzeit bei einem für den Verkäufer ungünstigen Marktzins an Kurswert verloren hat. Von der Investition in Höhe von 10.000 Euro würden also nur 8.400 Euro wieder zurück zum einstigen Besitzer der Anleihe fließen.

Beispiel – Verkauf der Anleihe nach zwei Jahren bei sinkendem Marktzins

Investition	Zinsk uon	Marktzins (Verkaufs zeitpunkt)	Anleihekurs (Verkaufs zeitpunkt)	Nominalwert der Anleihe	Kurswert der Anleihe
10.000 Euro	5 %	3 %	116 %	10.000 Euro	11.600 Euro

Der Marktzins liegt zum Verkaufszeitpunkt nach Ablauf von zwei Jahren bei 3% und hat somit um 2% verloren, sodass der Zinskupon zwei Prozent über dem Marktzins liegt. Daraus folgt, dass der Kurs der Anleihe an Wert zulegt, damit alte Anleihen für Anleger, die diese erwerben möchten, nicht attraktiver als neue Anleihen sind, die nur noch mit einem Kupon in Höhe des Marktzinses von 3 % verzinst werden. Die Anleihe des Beispiels würde also über die verbleibende Laufzeit von acht Jahren insgesamt 16 % mehr Zinsen erzielen (2 %/Jahr * 8 Jahre = 16 Prozent) als dies bei einer neuen Anlage der Fall wäre. Aus diesem Grund lautet der Anleihekurs bei gesunkenem Marktzins und einer Restlaufzeit der Anleihe von acht Jahren 116 % (100 % + 16 % = 116 %). Für den Besitzer beziehungsweise Verkäufer dieser Anleihe ist das positiv, denn dieser erhält bei dem gegebenen Marktzins (3%) und der Restlaufzeit (acht Jahre) von dem Käufer einen Verkaufspreis von 11600 Euro, also den Kurswert der Anleihe. Dazu werden selbstverständlich die Zinserträge, die während der zwei Jahre erzielt wurden, gerechnet, also insgesamt 1000 Euro (2 Jahre * (10.000 Euro * 5%/Jahr) = 1.000 Euro). Der Gesamtgewinn beträgt 2.600 Euro (1.000 Euro (Zinserträge) + 1.600 Euro (Kursgewinn) = 2.600 Euro).

Der in den Beispielen genutzte Marktzins ist heutzutage in Zeiten des Niedrigzins utopisch und wurden hier lediglich zu Zwecken der Veranschaulichung genutzt.

Im vorausgegangenen Unterkapitel wurde viel von dem Marktzins und der wechselseitigen Beziehung zu dem Wert beziehungsweise dem Kurs von Anleihen gesprochen. Doch was ist dieser Marktzins überhaupt und wie bildet sich derselbe? Die Marktzinsen hängen in unmittelbarem Zusammenhang mit der Höhe des Leitzinses, der im Euro-Währungsgebiet von der Europäischen Zentralbank bestimmt wird. Dieser wird jedoch nicht willkürlich festgelegt, sondern unterliegt einigen ökonomischen Kennziffern der Volkswirtschaft. Es wird betrachtet, wie sich die Exporte, Importe und die Geldmenge entwickeln, auf welchem Niveau sich die Konjunktur befindet und wie allgemein die wirtschaftliche Lage zu bewerten ist. Auch die Inflationsrate wird von der Zentralbank bei der Ermittlung des Leitzinses berücksichtigt. Aus diesem Grund sind die Zinsen für Anleihen stark von der monetären sowie konjunkturellen Situation der jeweiligen Volkswirtschaft abhängig.

Die Arten von Anleihen im Überblick

Es gibt viele verschiedene Arten von Anleihen, die hier nun kurz vorgestellt und hinsichtlich ihrer Besonderheiten untersucht werden sollen. Zunächst werden diese jedoch in vier Kriterien unterteilt.

Kriterium: Art des Emittenten

Der Emittent einer Anleihe kann, wie bereits mehrmals erwähnt, ein Staat aber auch ein Unternehmen sein. Der erste gibt dementsprechend Staatsanleihen aus, während das zweite Unternehmensanleihen. Einen gravierenden Unterschied gibt es zwischen diesen Anleihen nicht. Oft ist es jedoch so, dass Unternehmensanleihen höher verzinst werden, da das Risiko eines Zahlungsausfalls deutlich höher ist als bei einem Staat. Im Hinblick auf die letzte Finanzkrise wurde jedoch ersichtlich, dass auch Staaten nicht mehr in der Lage waren, den Anlegern zum Ende des Anleihezeitraums die volle Höhe der Investition zurückzuzahlen. Dementsprechend besteht auch hier ein Risiko, es kommt dabei natürlich auf den Staat an. Anleihen von hochverschuldeten Staaten versprechen hohe Renditen, bergen jedoch das Risiko eines Zahlungsausfalls und somit dem Verlust der Investition.

Kriterium: Bonität

Des Weiteren werden Anleihen im Hinblick auf ihre Bonität, sprich Zahlungsfähigkeit unterschieden. Anleihen mit erstklassiger Bonität, die sogenannten High Grade Bonds, bieten den Anlegern hohe Sicherheit, jedoch weniger hohe Zinskupons. Im Gegensatz dazu stehen die High Yield Bonds, also Anleihen mit niedriger Bonität. Diese „Schrottanleihen" befinden sich im hoch spekulativen Bereich und locken Anleger mit höheren Zinskupons. Dementsprechend ist das Risiko für Anleger hoch, die gesamte Investition zu verlieren.

Kriterium: Art der Zinszahlungen

Es existieren Anleihen, bei denen der Anleger keinen Zinskupon und somit auch keine Zinserträge erhält. Daher rührt der Name dieser Anleihen: Nullkupon-Anleihe oder Zero Bond. Der Anleger erhält zum Ende der Laufzeit dann den Nennwert zurückgezahlt. Allerdings wird der Zero Bond unter dem Nennwert gekauft, sodass hier trotz des fehlenden Kupons ein Gewinn erzielt werden kann, nämlich die Differenz des Anleihekurses zum Kauf- und Verkaufszeitpunkt.

Die häufigste Form von Anleihen stellen diese dar, die mit fester Zinszahlung ausgestattet sind. Die Laufzeit ist vorher definiert sowie auch die Verzinsung in Höhe des Kupons.

Des Weiteren gibt es Anleihen mit variabler Verzinsung. Ein Vorteil dieser ist der Schutz vor Zinsänderungen, die sich nachteilig auf den Anleger beziehungsweise dessen Investition auswirken können (siehe Beispiele im Unterkapitel 5.2.3).

Kriterium: Beinhaltete Rechte

Ebenso unterscheiden sich Anleihen hinsichtlich der beinhalteten Rechte. Erwirbt ein Anleger eine Wandelanleihe, so hat dieser das Recht diese Anleihe innerhalb eines vorher definierten Zeitraums und ebenso in einem vorher bestimmten Verhältnis in Aktien zu tauschen beziehungsweise zu wandeln. Großer Vorteil von Wandelanleihen ist, dass diese die Möglichkeit bieten, von aufstrebenden Aktienkursen zu profitieren, da das Tausch- beziehungsweise Wandelverhältnis vorher festgelegt wurde und es möglich macht, die Aktien zu einem günstigen Preis zu erwerben, obwohl der Aktienkurs bereits deutlich über diesen Preis gestiegen ist. Dies ist allerdings auch der Grund für die niedrigere Verzinsung von Wandelanleihen.

Umtauschanleihen können, wenn es der Anleger wünscht, in Aktien eines anderen Unternehmens umgetauscht werden.

Bei Hybridanleihen hängen die Zinszahlungen stets von dem wirtschaftlichen Erfolg des ausgebenden Unternehmens ab, sodass diese für den Emittenten eine Mischung aus Eigen- und Fremdkapital darstellen.

Die Risiken von Anleihen

In diesem Kapitel sollen die Risiken, die sich für Anleger bei dem Kauf einer Anleihe ergeben, beleuchtet werden.

Das Zinsänderungsrisiko

Die Auswirkungen auf den Kurs und somit den Wert einer Anleihe während der Laufzeit, wurde bereits ausführlich erläutert, weshalb hier nun darauf verzichtet werden soll. Wird die Anleihe über die gesamte Laufzeit gehalten, so hat ein veränderter Marktzins keinen Einfluss. Kommt es allerdings dazu, dass die Anleihe während der Laufzeit bei einem veränderten Marktzins verkauft werden soll, so kann diese je nachdem, ob der Marktzins gestiegen oder gesunken ist, negative oder positive Auswirkungen haben.

Das Bonitätsrisiko oder Emittentenrisiko

Das Risiko der Zahlungsunfähigkeit des Emittenten der Anlage kann ebenfalls dazu führen, dass dieser seinen Zahlungsverpflichtungen (Zinszahlungen und Rückzahlung der Investition des Anlegers) nicht mehr nachkommen kann. Sogenannte Rating- Agenturen bewerten die Bonität von Emittenten fortlaufend. In der nachfolgenden Tabelle sind die Bewertungen von drei wichtigen, internationalen Rating-Agenturen (Standard & Poor's, Moodys, Fitch) gelistet.

Bonitätsbewertung nach Rating-Agentur	S&P	Moodys	Fitch
Sehr gute Anleihen	AAA	Aaa	AAA
	AA+ AA AA-	Aa1 Aa2 Aa3	AA+ AA AA-
Gute Anleihen	A+ A- A	A1 A3 A2	A+ A- A
	BBB+ BBB BBB-	Baa1 Baa2 Baa3	BBB+ BBB BBB-
Spekulative Anleihen	BB+ BB BB-	Ba1 Ba2 Ba3	BB+ BB BB-
	B+ B- B	B1 B3 B2	B+ B- B
sehr schlechte Anleihen	CCC CC C	Caa C Ca	CCC CC C
Zahlungsausfall	D	-	D

Die Anleihen von Unternehmen mit schlechter Bonität zählen stets mit höheren Zinskupons beziehungsweise höherem Nominalzins.

Das Inflationsrisiko

Übersteigt die Inflationsrate die (nominale) Rendite einer Anleihe, so kommt es dazu, dass die reale Rendite in extremen Fällen negativ wird oder, in weniger extremen Fällen durch die Inflationsrate reduziert wird. In anderen Worten formuliert, ist das Inflationsrisiko die Unsicherheit über die wirkliche, reale Höhe der Zinszahlungen in der Zukunft.

Das Kündigungsrisiko

Meist in Zeiten hoher Marktzinsen, entscheiden sich Unternehmen dazu, von ihrem Recht Gebrauch zu machen und die Emissionsbedingungen so zu gestalten, dass die Anleihe einseitig gekündigt werden kann. Sinkt nämlich der Marktzins, so ist die Ausgabe von neuen Anleihen mit geringerer Zinslast für den Emittenten günstiger.
Das Währungsrisiko
Handelt es sich um eine Fremdwährungsanleihe, die beispielsweise in US-Dollar notiert ist, so besteht ein Währungsrisiko. Kommt es zu einer Aufwertung des US-Dollars gegenüber dem Euro, so werden höhere Gewinne erzielt. Andersherum verhält es sich bei einer Abwertung des US-Dollar gegenüber dem Euro.

Anleihen und die Möglichkeiten für Anleger

Neben den Risiken, denen sich Anleger aussetzen, wenn diese eine Anleihe erwerben, bieten diese natürlich auch die Möglichkeit, Geld gewinnbringend anzulegen, sonst wäre es schließlich keine beliebte Geldanlage.

Wie es bereits aus dem vorangehenden Text und den Beispielen hervorgegangen ist, bieten Anleihen den Anlegern regelmäßige Zinszahlungen, außer bei den Zero Bonds. Außerdem kann von Kursgewinnen profitiert werden, die sich dann auszahlen, wenn die Anleihe vor dem Ablauf der Laufzeit verkauft wird. Sinkt also der Marktzins, so steigt der Kurswert. Wird die Anleihe hingegen bis zu dem Ende der Laufzeit gehalten, so erhalten die Anleger 100 % des Nennwerts zurückgezahlt. Zero Bond Anleihen werden unter dem Nennwert gekauft und zum Ende der Laufzeit dann zu einem Nennwert von 100 % zurückgezahlt. Der Gewinn berechnet sich in diesem Fall aus der Differenz des Kaufpreises (unter dem Nennwert) und der Rückzahlung (100 % des Nennwerts).

Dem Währungsrisiko stehen die Währungsgewinne gegenüber. Werden Fremdwährungsanleihen erworben, so können Anleger in Abhängigkeit von der Devisenkurs-Entwicklung, zusätzlich zu den Zinszahlungen und Kursgewinnen, Währungsgewinne erzielen.

Wo werden Anleihen gekauft und verkauft?

Wie es auch bei Aktien und Exchange Traded Funds der Fall ist, werden Anleihen an der Börse gehandelt. Ein Großteil derselben wird jedoch auch außerbörslich gehandelt. Über das Depot eines online Brokers oder einer Direktbank können Anleger in Anleihen von Unternehmen investieren.

Es bestehen zwei Möglichkeiten, Anleihen zu erwerben. Ein Kauf ist bereits vor der Neuemission der Anleihe möglich, sprich bevor diese erstmalig ausgegeben wird. Das geschieht am Primärmarkt. Allerdings sind diese Neuemissionen meist institutionellen Anlegern vorbehalten, sodass Privatanleger Anleihen auf dem Sekundärmarkt kaufen. Das kann entweder außerbörslich oder an der Börse geschehen. Anders als bei Aktien kaufen Anleger hier keine gewisse Stückzahl, sondern legen einen Anlagebetrag fest. Wie bereits erwähnt wird der Kurs von Anleihen nicht wie bei Aktien in Euro, US- Dollar oder mit einer anderen Währung angegeben, sondern in Prozent in Bezug auf den Nennwert.

Um die Zuordnung von Wertpapieren zu vereinfachen, hat jede Anleihe (ebenso wie jede Aktie und jedes Zertifikat) eine sogenannte ISIN- oder WKN-Nummer. Die WKN- Nummer erhält jede Aktie, die an einer deutschen Börse notiert ist und steht für Wertpapierkennnummer. Diese setzt sich aus sechs Zeichen (Zahlen und (Groß-) Buchstaben) zusammen. Bei der ISIN-Nummer handelt es sich um eine internationale Wertpapierkennnummer, die für International Securities Identification Number steht. Die ISIN setzt sich aus 12 Stellen zusammen und beginnt stets mit einem Länderkürzel, beispielsweise DE für Aktiengesellschaften aus Deutschland oder US für Um die Zuordnung von Wertpapieren zu vereinfachen, hat jede Anleihe (ebenso wie jede Aktie und jedes Zertifikat) eine sogenannte ISIN- oder WKN-Nummer. Die WKN-Nummer erhält jede Aktie, die an einer deutschen Börse notiert ist und steht für Wertpapierkennnummer. Diese setzt sich aus sechs Zeichen (Zahlen und (Groß-) Buchstaben) zusammen. Bei der ISIN-Nummer handelt es sich um eine internationale Wertpapierkennnummer, die für International Securities Identification Number steht. Die ISIN setzt sich aus 12 Stellen zusammen und beginnt stets mit einem Länderkürzel, beispielsweise DE für Aktiengesellschaften aus Deutschland oder US für solche aus den Vereinigten Staaten. Beide Kennnummern helfen den Anlegern dabei, beispielsweise auf der Internetseite des online Brokers die Aktie der Wahl im Handumdrehen zu finden.

Die Auswahl der Anleihe

Nun, da der Leser bereits die wichtigsten Informationen rund um das Thema Anleihen erhalten hat, soll ein Blick darauf geworfen werden, wie Anleger die richtige Anleihe auswählen. Wie auch bei Aktien und ETFs ist zunächst wichtig, dass sich für einen online Broker oder eine Direktbank entschieden wird, bei denen sich die Kosten in Form der Ordergebühren, Depot- und Transaktionskosten in Grenzen halten.

Sinnvoll ist es allemal, einen umfangreichen Vergleich mehrerer Anbieter anzustellen, um zu verhindern, dass die Renditen durch Gebühren (deutlich) vermindert werden.

Hinweis: Auf dem Primärmarkt werden Aktien und Anleihen ausgegeben, sodass diese dort erstmals erworben werden können. Der Sekundärmarkt hingegen beinhaltet Aktien und Anleihen, die bereits im Umlauf sind. Deswegen wird auch vom Umlaufmarkt gesprochen. Auf diesem können dementsprechend Aktien und Anleihen erworben und veräußert werden. Wichtig ist festzuhalten, dass der Sekundär- oder Umlaufmarkt nicht nur den Handel an der Börse, sondern auch den außerbörslichen Markt umschließt.

Die Auswahlkriterien für Anleihen

Die größte Aussagekraft über den Wert von Anleihen gibt die Rendite. Es sollte sich also zunächst Gedanken über die Rendite-Erwartungen gemacht werden. Diese ist neben der Höhe des Zinskupons auch abhängig von der Länge der Laufzeit sowie dem Kauf- und Rückkaufkurs. Wird beabsichtigt, die Anleihe vor dem Ende der Laufzeit zu veräußern, so müssen auch das zu diesem Zeitpunkt gegebene Marktzinsniveau und die Restlaufzeit der Anleihen beachtet werden, die schließlich großen Einfluss auf den Kurswert im Rahmen eines frühzeitigen Verkaufs haben.

Neben diesen allgemeinen Kennzahlen, ist es von Bedeutung zu schauen, ob der

Emittent zahlungsfähig ist. Ist dem nicht so, so kommt es vor, dass das Unternehmen aufgrund finanzieller Schwierigkeiten nicht in der Lage ist, den Nennwert der Anleihe zum Laufzeitende zurückzuzahlen. Die Bewertungen von Rating-Agenturen helfen dabei, die Bonität des Unternehmens einschätzen zu können. Grundsätzlich bieten Unternehmen, die von den Rating-Agenturen mit A oder besser bewertet wurde, eine vergleichsweise sichere Form der Geldanlage.

Ebenso sollte unbedingt darauf geachtet werden, dass die Anleihe der Wahl nicht in einer schwachen Währung ausgegeben wird. Dies kann durch stark schwankende Währungskurse zu großen Verlusten führen, Stichwort Währungsrisiko. Andersherum können so auch hohe Gewinne erzielt werden, für Anfänger empfiehlt sich diese Vorgehensweise des Spekulierens auf Währungsgewinne jedoch keinesfalls.

Auch die Handelbarkeit der Anleihe an der Börse sollte eine Rolle bei der Wahl der Anleihe spielen. Dafür ist eine hohe Liquidität erforderlich, die Aufschluss über die Anzahl der sich im Umlauf befindenden Anleihen gibt. Es die Liquidität nicht ausreichend gegeben, so erhöht sich das Liquiditätsrisiko. Die Anleihe kann dementsprechend nicht schnell wiederverkauft werden, wodurch sich Verluste durch Kursabschläge ergeben. Auch die Stückelung der Anleihe ist entscheidend für deren Handelbarkeit. Ist eine Anleihe bereits zu einem Nennwert von 1000 Euro zu erwerben, so gestaltet sich auch der Verkauf schneller, weil es mehr Interessenten gibt, als dass es bei Anleihen mit höheren Nennwerten der Fall wäre. Grundsätzlich weisen Anleihen mit einem Anlagevolumen ab einer Milliarde Euro eine gute Handelbarkeit auf. Daran sollte sich dementsprechend orientiert werden.

Fazit zu Anleihen als Geldanlage

Anleihen haben im Vergleich zu Aktien einige Vor- aber auch Nachteile, die hier im direkten Vergleich aufgezeigt werden sollen.

Während Aktien den Anlegern die Chance auf höhere Renditen geben, zeichnen sich Anleihen (natürlich stets in Abhängigkeit von der Risikoklasse) dadurch aus, dass diese feste und regelmäßige Zinserträge bieten. Bei Aktien wiederum sind Kursanstiege nicht garantiert und auch die Ausschüttung von Dividenden ist im Normalfall an den wirtschaftlichen Erfolg des Unternehmens gebunden. Ist die Aktiengesellschaft erfolgreich, so ergeben sich für die Aktionäre doppelte Renditechancen (Kursgewinne und Dividenden). Auch Anleger, die Anleihen besitzen, können von Kursschwankungen profitieren, die sich immer dann ergeben, wenn sich der Marktzins ändert. Allerdings können sich diese Schwankungen auch negativ auswirken, wenn die Anleihe vor Ende der Laufzeit verkauft werden soll und die Marktzinsen gestiegen sind. Bei Anleihen gelten die Zinszahlungen als sicher, jedoch nur, wenn das Unternehmen über ausreichend Bonität verfügt. Vorteilhaft an Aktien ist, dass die Auswahl deutlich größer ist. Allerdings ist auch der Zeitaufwand, der im Rahmen der Verwendung einer Strategie, was äußerst zu empfehlen ist, deutlich höher als bei Anleihen. Die letzten werden gekauft, über die gesamte Laufzeit gehalten oder während derselben veräußert. Anpassungen des Depots sind bei Anleihen nicht nötig, bei Aktien jedoch schon, sollte es die genutzte Strategie verlangen. Aktien sind des Weiteren relativ sicher vor einer Inflation, während Anleihen dem Inflationsrisiko unterliegen, welches die Rendite deutlich schmälern kann.

Zusammenfassend lässt sich feststellen, dass Anleihen (bonitätsstarker Staaten und Unternehmen) über einen kurzen Anlagehorizont im Vorteil sind, auch wegen des geringen zeitlichen Aufwands. Wichtiger Einflussfaktor ist der Marktzins, der sich momentan auf einem sehr niedrigen Niveau befindet, was darauf schließen lässt das die Anleihenmärkte gesättigt sind. Im Moment ist also grundsätzlich eher von dem Kauf einer Anleihe abzuraten. Wird sich dennoch für diese Form der Geldanlage entschieden, so sollte die Laufzeit möglichst kurz gewählt werden, um das

Zinsänderungsrisiko gering zu halten. Auch die Bewertungen der Rating-Agenturen spielen eine wichtige Rolle und geben Auskunft über die Zahlungsfähigkeit des Emittenten. Vor allem vor dem Hintergrund eines langfristigen Anlagehorizonts sind Aktien die deutlich bessere und renditestärkere wenn auch zeitaufwändigere Alternative für Anleger.

Zertifikate

Im Unterkapitel 2.1.3 bereits kurz vorgestellt, stellen Zertifikate ebenfalls ein Finanzprodukt, welches an der Börse gehandelt wird, dar. Anleger profitieren dabei von der Entwicklung eines Basiswerts, beispielsweise einer Aktie oder einem Aktien-Index. Grundsätzlich geben Banken die Zertifikate aus. Als Gegenleistung für die Ausgabe eines Zertifikats beziehungsweise den Kauf desselben durch den Anleger, erhält die jeweilige Bank Geld. Deshalb handelt es sich um eine Inhaberschuldverschreibung. Zertifikate ermöglichen es Anlegern, Anlagestrategien an der Börse durchzuführen. Festzuhalten ist hier jedoch, dass der Handel mit Zertifikaten nicht von absoluten Neulingen getätigt werden sollte. Zertifikate können auf zwei Wegen erworben werden. Die erste besteht darin, das Zertifikat direkt nach dessen Herausgabe bei der Bank zu gekaufen. Die zweite Möglichkeit ist, dasselbe an der Börse zu dem aktuellen Kurs zu erwerben. Dafür ist ein Depot bei einem online Broker oder einer Direktbank erforderlich.

Die Arten dieses Finanzprodukt werden nun im nächsten Absatz kurz vorgestellt.

Die Arten von Zertifikaten

Es gibt verschiedene Arten beziehungsweise Einsatzmöglichkeiten für Zertifikate, die Anleger kennen sollten.

Discount-Zertifikate

Diese sind die am weitesten verbreitetsten unter den Zertifikaten und eignen sich für weniger risikobereite Anleger. Diese haben stets eine feste Laufzeit. Der Begriff Discount kommt daher, dass diese Zertifikate mit einem Rabatt gekauft werden können. Als Ausgleich für den Kaufpreis des Discount-Zertifikats, der unter dem Kurs des Basiswerts liegt, verzichten die Anleger auf die mögliche Ausschüttung von Dividenden. Das Zertifikat auf eine Aktie wird von einem Anleger (beispielsweise) für 35 Euro erworben, obwohl der aktuelle Aktienkurs gerade bei 65 Euro liegt. Unbedingt zu erwähnen ist hier der sogenannten Cap, der Höchstbetrag des Aktienkurses. Hier, für dieses Beispiel soll der Cap bei 79 Euro liegen. Liegt der Aktienkurs zum Ende der Laufzeit des Zertifikats überhalb dieses Höchstbetrags (Cap) von 79 Euro, so erhält der Anleger trotzdem nur den Höchstbetrag, da dieser als eine Art Ausgleich für den Discount die erzielbare Wertsteigerung deckelt. Befindet sich der Kurs der Aktie jedoch unterhalb des Cap, so kann der Anleger entweder eine Aktie oder den Gegenwert derselben in Geld verlangen.

Discount-Zertifikate eignen sich also vor allem für solche Basiswerte, die stabil seitwärts tendieren, sprich keine große Kursveränderungen zustande kommen. Um zu dem Beispiel zurückzukommen würde eine Seitwärts-Entwicklung des Kurses bedeuten, dass dieser in etwa bei 65 Euro bleibt und der Anleger somit zum Ende der Laufzeit des Zertifikats die Aktie erhält und für 65 Euro verkaufen kann, obwohl für diese dank dem Discount-Zertifikat nur 35 Euro gezahlt wurden. Natürlich sind auch Verluste möglich, wenn der Kurs rapide an Wert verliert und unterhalb des Kaufpreises für das Zertifikat fällt.

Zusammenfassend lässt sich feststellen, dass Discount-Zertifikate eine spannende Alternative für den Erwerb von Basiswerten darstellen. Der Rabatt bei dem Kauf desselben schützt den Anleger bis zu einem gewissen Punkt (Preis des Zertifikats) vor

Kursverlusten des Basiswerts, wie zum Beispiel einer Aktie.

Abschließende Worte zu Discount-Zertifikaten

Wie bereits angemerkt, sind Discount-Zertifikate eine interessante Alternative zu der Investition in Aktien, da diese erhöhte Sicherheit bieten. Dementsprechend sind die Gewinne durch den Höchstbetrag (Cap) gedeckelt. Durch den niedrigen, heruntergesetzten Preis, der für das Zertifikat gezahlt werden muss, sind Anleger von (kleinen) Kursverlusten geschützt.

Garantie-Zertifikate

Auch bei den Garantie-Zertifikaten handelt es sich um ein sehr sicheres Finanzprodukt. Wie es der Name bereits ein Stück weit verrät, beinhalten diese Zertifikate eine Garantie, die dem Anleger die Rückzahlung des eingesetzten Kapitals zum Laufzeitende zusichert. Auch hier liegen dem Zertifikat Basiswerte zugrunde, an deren Entwicklung bis zu einem bestimmten Prozentsatz partizipiert wird. Die Garantie gibt es natürlich nicht kostenlos, denn es kann nicht in vollem Umfang an Kursgewinnen partizipiert werden. Ein Beispiel soll die Funktionsweise von diesen Zertifikaten verdeutlichen.

Ein Anleger investiert 1000 Euro in ein Garantie-Zertifikat. Dieses ermöglicht, eine Beteiligung an dem Kursgewinn in Höhe von 90 %. Allerdings ist eine Ausgabegebühr zu zahlen, die um ein Beispiel zu nennen, bei 25 Euro liegt. Steigt der Kurs des Basiswerts nun um 10 %, so wird der Anleger mit 90 % an diesem Kursgewinn beteiligt. Dieser erhält dementsprechend 90 Euro. Die Rendite wird dann ermittelt, indem die Ausgabegebühr von dem Kursgewinn subtrahiert wird. Hier im Beispiel 90 Euro - 25 Euro = 65 Euro.

Abschließende Worte zu Garantie-Zertifikaten

Für sicherheitsorientierte Anleger, die gleichzeitig vergleichsweise hohe Renditen erzielen möchten, sind die Garantie-Zertifikate zu empfehlen. Anders als bei den Discount-Zertifikaten, wird dem Anleger garantiert, dass dieser die volle Höhe der Investititon am Ende der Laufzeit zurückerhält. Verluste können jedoch trotzdem gemacht werden, da in aller Regel eine Ausgabegebühr berechnet wird. Liegt die Rendite unterhalb der Ausgabegebühr, so wird ein Verlust erzielt. Die Renditemöglichkeiten sind unbegrenzt, sodass Anleger von Kursgewinnen profitieren. Im Vergleich zu einer Direktinvestition in Aktien, wo kein Ausgabeaufschlag berechnet wird, sind die Renditemöglichkeiten selbstverständlich geringer, gleichzeitig jedoch auch die Verlustmöglichkeiten um Einiges niedriger. Von einem Verkauf des Garantie-Zertifikats vor dem Ende der Laufzeit ist allerdings abzusehen, denn dann besteht das Risiko, das der festgelegte Kapitalschutz beziehungsweise die Garantie über die Rückzahlung nicht mehr greift und so höhere Verluste eingefahren werden.

Bonus-Zertifikate

Die Funktionsweise von Bonus-Zertifikaten ist, wie auch bei allen anderen Zertifikaten, so, dass sich diese auf einen bestimmten Basiswert, Aktien, Anleihen, etc., beziehen. Anders als bei den Discount-Zertifikaten gibt es hier allerdings keine Höchstgrenze (Cap), die die möglichen Gewinne deckelt. Die Begriffe Bonus- und Sicherheitsschwelle spielen bei Bonus-Zertifikaten allerdings eine wichtige Rolle. Um dem Leser aufzuzeigen, wie ein solches Zertifikat funktioniert, macht eine Veranschaulichung anhand eines Beispiels Sinn.

Beispiel:

Ein Anleger erwirbt ein Bonus-Zertifikat mit einer Aktie als Basiswert. Der aktuellen Kurs derselben beträgt 60 Euro. Die im Bonus-Zertifikat festgelegte Sicherheitsschwelle beträgt 50 Euro und die Bonusschwelle wurde auf 70 Euro festgelegt. Je nach dem, wie sich der Kurs des Basiswerts entwickelt, ergeben sich verschiedene Szenarien. An der Zahl sind es drei, denn der Aktienkurs könnte steigen, leicht fallen beziehungsweise stagnieren oder stark fallen. Zu betrachten sind hier die Bonussowie die Sicherheitsschwelle.

Fall - Steigender Aktienkurs

Steigt der Aktienkurs und liegt am Laufzeitende über der Bonusschwelle, so erhält der Anleger den jeweiligen Kurs ausgezahlt. Notiert der Basiswert also bei 71 Euro, bekommt der Anleger diese Summe. Da es hier, wie bereits angemerkt, keine Höchstgrenze (Cap) gibt, sind die Gewinnmöglichkeiten nicht gedeckelt, sodass es keine Grenze gibt.

1. Fall - Leicht fallender Aktienkurs

Fällt der Aktienkurs nur leicht, beispielsweise von 60 Euro (Kurs zum Zeitpunkt des Zertifikat-Kaufs) auf 55 Euro, so liegt dieser noch überhalb der Sicherheitsschwelle. Ist es außerdem so, dass die Sicherheitsschwelle über die gesamte Laufzeit nicht unterschritten wurde, so erhält der Anleger zum Laufzeitende die Bonusgrenze, sprich 60 Euro, ausgezahlt.

2. Fall - Leicht fallender Aktienkurs

Fällt der Aktienkurs nur leicht, beispielsweise von 60 Euro (Kurs zum Zeitpunkt des Zertifikat-Kaufs) auf 55 Euro, so liegt dieser noch überhalb der Sicherheitsschwelle. Ist es außerdem so, dass die Sicherheitsschwelle über die gesamte Laufzeit nicht unterschritten wurde, so erhält der Anleger zum Laufzeitende die Bonusgrenze, sprich 60 Euro, ausgezahlt.

Abschließende Worte zu Bonus-Zertifikaten

Diese Art Zertifikate eignen sich vor allem für solche Anleger, die im Rahmen der Aktienanalyse festgestellt haben, dass eine positive Kursentwicklung wahrscheinlich ist. An dieser kann uneingeschränkt partizipiert werden, denn ein deckelnder Höchstbetrag existiert hier nicht. Der Vorteil an Bonus- Zertifikaten ist, dass Anleger auch dann profitieren, wenn sich der Kurs des Basiswerts seitwärts oder leicht nach unten entwickelt. Wie im Beispiel veranschaulicht, dient die Sicherheitsschwelle als Puffer, der das Risiko begrenzt. Der Anleger ist somit ein Stück weit vor fallenden Kursen geschützt. Vor dem Kauf eines Bonus-Zertifikats ist es logischerweise unerlässlich, sich genau über die zu erwartenden Kursbewegungen der Aktie beziehungsweise des Basiswerts zu informieren. Tendiert der Kurs hin zu der Sicherheitsschwelle, so sollte auf ein Zertifikat mit diesem Basiswert verzichtet werden und stattdessen ein solcher mit positiven Erwartungen hinsichtlich des Kurses gewählt werden.

Grundsätzlich sind Bonus-Zertifikate auch etwas für absolute Börsenneulinge, die das Risiko begrenzen und trotzdem attraktive Renditen in Form der Bonusschwelle oder gar über derselben in Aussicht stellen. Wie bei allen Zertifikaten ist es natürlich so, dass der Inhaber des Zertifikats nicht an Dividenden beteiligt wird und auch kein Stimmrecht erhält.

Hebel-Zertifikate

Erwerben Anleger ein Hebel-Zertifikat (auch oft als Knock-Out-Zertifikat bezeichnet), so bietet dieses Chancen auf hohe Renditen, allerdings auch auf hohe Verluste. Aus diesem Grund sollten sich nur erfahrene Anleger dafür entscheiden, ein Hebel- Zertifikat zu erwerben. Die Wertentwicklung des Zertifikats liegt dabei überproportional zu der des Basiswerts, daher kommt der Name desselben. Der Hebel ist bereits vorher definiert und bestimmt das Verhältnis der Entwicklung des Basiswerts im Vergleich zu dem Hebel-Zertifikat. Es exisiteren Hebel-Zertifikate, mit denen Anleger auf steigende Kurse setzen können, sogenannte Calls. Des Weiteren besteht auch die Möglichkeit von fallenden Kursen zu profitieren, sogenannte Puts. Auch das Bezugsverhältnis, die Knock-Out-Schwelle und das vom Emittenten des Zertifikats verlangte Aufgeld spielen eine wichtige Rolle bei Hebel-Zertifikaten.

Ein Beispiel soll diese Zertifikate nun besser verständlich machen.

Beispiel:

1. Call-Hebel-Zertifikat

Auch in diesem Beispiel liegt dem (Hebel-) Zertifikat eine Aktie als Basiswert zugrunde, deren Kurs bei 900 Euro notiert. Die Knock-Out-Schwelle liegt bei 800 Euro, das Aufgeld bei 10 Euro und das Bezugsverhältnis bei 1 %. Da es sich um ein Call-Hebel-Zertifikat handelt, spekuliert der Anleger auf steigende Kurse, an denen dieser durch den Hebel überproportional verdienen möchten. Die Berechnung für den Wert von Call-Hebel-Zertifikaten wird über die folgende Formel angestellt:

$$Wert\ d.Hebel - Zertifikats = ((Aktueller\ Basiswert - Kurs + Aufgeld) - Knock - Out - Schwelle) * Bezugsverhältnis$$

Die oben angegebene Formel wird nun dazu genutzt, den Wert des Zertifikats zu bestimmen.

Wert d.Hebel-Zertifikatis =

((900 Euro + 10 Euro) - (800 Euro) * 0,01
= 1,10 Euro

Direkt nach der Ausgabe des Zertifikats beträgt der Wert desselben 1,10 Euro.

Tritt nun der gewünschte Fall einer positiven Wertentwicklung der Aktie ein, steigt diese beispielsweise von 900 Euro auf 1000 Euro, so wird erneut der Wert des Zertifikats ermittelt.

Wert d.Hebel - Zertifikatis
= ((1000 Euro+10 Euro) - 800 Euro) * 0,01 = 2,10 Euro

Der Aktienkurs stieg insgesamt um 11% (von 900 Euro auf 1000 Euro), während der Wert des Hebel- Zertifikats gleichzeitig von 1,10 Euro auf 2,10 Euro anstiegt. Somit um fast 91 % an Wert gewonnen hat.

Kommt es jedoch vor, dass der Aktienkurs sich nicht so entwickelt, wie erwartet, also beispielsweise von 900 Euro auf 860 Euro fällt, so ist der Verlust der mit dem Hebel-Zertifikat eingefahren überproportional hoch:

Wert d.Hebel-Zertifikatis

= ((860Euro + 10 Euro) - 800 Euro) * 0,01 = 0,70 Euro

Das Zertifikat hat also um 36 % (von 1,10 Euro auf 0,70 Euro) an Wert eingebüßt, während der Basiswert lediglich ca. 4,4 % (von 900 Euro auf 860 Euro) verloren hat.

Wird die zuvor definierten Knock-Out-Schwelle „berührt" beziehungsweise unterschritten, kommt es dazu, dass der Handel mit diesem Zertifikat eingestellt wird und sich für den Anleger ein Totalverlust ergibt.

2. Put-Hebel-Zertifikat

Hier gehen die Anleger von fallenden Kursen des Basiswerts aus. Der Kurs des Basiswerts (Aktie) beträgt, wie im vorherigen Beispiel, 900 Euro. Die Knock-Out-Schwelle wird auf 1000 Euro festgelegt, die nicht überschritten werden darf. Das Bezugsverhältnis beträgt erneut 1 % und das Aufgeld 10 Euro. Die Formel, die verwendet wird, um den Wert von Put-Hebel-Zertifikaten zu ermitteln ist die folgende:

$$Wert\ d. Put - Hebel - Zertifikats = (Knock - Out - Schwelle - (aktueller\ Basiswert - Kurs + Aufgeld)) * Bezugsverhältnis$$

Der Wert des Put-Hebel-Zertifikats des Beispiels ist also:

$$Wert\ d. Put - Hebel - Zertifikats = (1000\ Euro - (900\ Euro + 10\ Euro)) * 0{,}01 = 0{,}90\ Euro$$

Tritt nun tatsächlich der Fall ein, dass der Kurs der Aktien, also des Basiswerts, fällt, beispielsweise um 100 Euro auf 800 Euro, so entwickelt sich der Wert des Put-Hebel-Zertifikats wie folgt:

$$Wert\ d. Put - Hebel - Zertifikats = (1000\ Euro - (800 Euro + 10\ Euro)) * 0{,}01 = 1{,}90\ Euro$$

Die Vor- und Nachteile von Zertifikaten im Überblick

Im direkten Vergleich zu einer Direktinvestition in Aktien, bieten einige (bei Weitem nicht alle) Zertifikate den Vorteil, dass die Verluste begrenzt sind. Festzuhalten ist hier, dass diese Verlustbegrenzung, beispielsweise des Garantie-Zertifikats, nicht kostenlos ist. Anleger, die (Aktien) Zertifikate erwerben, verzichten stets auf das Mitbestimmungsrecht und vor allem auf die Ausschüttung von Dividenden. Ein weiterer Nachteil im Vergleich zu einer Direktinvestition in Aktien besteht darin, dass oftmals ein Ausgabeaufschlag berechnet wird. Für die Führung des Depots werden, wie auch für das Aktien-Depot, Gebühren erhoben, die von Broker zu Broker unterschiedlich sind und aus diesem Grund vergleichen werden sollten. Die Herausgeber der Zertifikate berechnen den Anlegern in manchen Fällen außerdem die sogenannte Innenprovision, eine Art Vemittlungsgeld.

Fazit zu den vorgestellten Zertifikaten

Die vier hier vorgestellten Zertifikate, Discount-, Bonus-, Garantie- und Hebelzertifikate, eignen sich für Anleger mit unterschiedlicher Risikobereitschaft. Die ersten drei eignen sich für sicherheitsorientierte Anleger, die sich ein Stück weit durch die Zertifikate vor Kursverlusten des Basiswerts schützen und dennoch ansehnliche Rendite erzielen möchten. Interessant ist, dass diese Zertifikate auch Rendite in Aussicht stellen, wenn sich der Basiswert seitwärts entwickelt. Zu nennen ist hier das Bonus-Zertifikat. Viel Sicherheit wird ebenso von Garantie- Zertifikaten geboten, die dem Anleger die volle Rückzahlung des Geldes zum Laufzeitende zusichern. Im Gegensatz zu den Discount-, Garantie- und Bonus-Zertifikaten, handelt es sich bei den

Hebel-Zertifikaten um eine riskantere Möglichkeit das angelegte Geld zu vermehren, die zu erzielbaren Renditen sind jedoch um einiges Höher. Bei diesen Zertifikaten sind Totalverluste nicht selten und geben sich immer dann, wenn sich der Basiswert an beziehungsweise unter der Knock-Out-Schwelle befindet. Diese Hebel-Zertifikate sind deswegen für Anfänger keinesfalls zu empfehlen.

Grundsätzlich lässt sich festhalten, dass Zertifikate gut dafür geeignet sind, stark von der Entwicklung eines Basiswerts zu profitieren, eben auch bei seitwärts Trends. Wie auch bei dem Handel von Basiswerten ohne Zertifikat, sollten diese und die zu erwartende Entwicklung genau analysiert werden, um die richtige Entscheidung zu treffen. Anleger, die sich für Zertifikate interessierten, sollte die

Gebühren, die von der ausgebenden Bank beziehungsweise dem Institut erhoben werden, unbedingt beachten.

Berechnung des Hebels eines Put-Hebel-Zertifikats: Die Rechnung, um den Hebel eines Put-Zertifikats zu ermitteln, ist ebenfalls nicht schwer. Der Kurs des Basiswerts wird, wie auch bei der Berechnung des Hebels eines Call-Zertifikats, mit dem Bezugsverhältnis multipliziert und anschließend durch den Hebel-Zertifikat-Preis beziehungsweise -Kurs dividiert.

*Der Hebel beträgt also 10. Fällt der Kurs des Basiswerts um 1 %, so steigt der Wert des Zertifikats um 10 % (10 * 1 %). Andersherum, sollte der Kurs steigen, so sorgt der Hebel dafür, dass das Put-Hebel-Zertifikat 10-Mal mehr an Wert verliert, als der Basiswert an Wert steigt.*

AUF UNSERER WEBSITE FINDEN SIE
TOLLE BONUSINHALTE SOWIE
WEITERFÜHRENDE INFORMATIONEN

ABSCHLIEẞENDE EMPFEHLUNGEN FÜR ANFÄNGER

IM RAHMEN DIESES BUCHES HAT der Leser einiges über den Handel mit Aktien an der Börse sowie über weitere Finanzprodukte (Exchange Traded Funds, Anleihen und Zertifikate) gelernt. Hier, im sechsten und letzten Kapitel werden nun einige Empfehlungen für Anfänger ausgesprochen, die bislang noch nicht an der Börse aktiv waren. Zunächst ist die Wahl eines günstigen Brokers beziehungsweise einer Direktbank über die die Wertpapiere gehandelt werden, wichtig, um die Rendite nicht durch überteuerte Gebühren zu reduzieren. Dafür lohnt sich die Recherche und der Vergleich mehrerer Anbieter im Internet.

Aktien

Wird sich dafür entschieden, mit einzelnen Aktien zu handeln, so ist unerlässlich wichtig, dass dabei eine Strategie verfolgt und nicht einfach „wild drauflos" gekauft wird. Erneut soll der Leser an die Langfristigkeit der Geldanlage Aktien erinnert werden, weshalb ein zu häufiges Umschichten in vielen Fällen lediglich Kosten in Form von Gebühren führt. Nichtsdestotrotz kann es sein, dass die Strategie und deren zugrunde liegenden Kennzahlen es verlangen, dass Aktien, die diese nicht mehr erfüllen, gegen andere ausgetauscht werden müssen, sodass eine Umschichtung erforderlich ist. Das Buch empfiehlt dem Leser, sich zunächst an der Levermann-Strategie zu versuchen, da diese relativ einfach anzuwenden ist und außerdem klar und gut strukturiert bei der Analyse und Bewertung (im Rahmen des Punktesystems) von Aktien beziehungsweise Aktiengesellschaften vorgeht. Auch ist als positiv zu bewerten, dass das Bauchgefühl, das stets eine Gefahr darstellt, durch strikte Anwendung der Levermann-Strategie „eliminiert" wird. Ergänzend zu dem Ansatz Levermanns sollten auch weitere Kennzahlen genutzt werden.

Exchange Traded Funds

Langfristig werfen ETFs eine ansehnliche Rendite ab, die im Vergleich mit einem normalen, aktiv gemangtem Investmentfonds, deutlich günstiger in der Gebühren- und Kostenstruktur sind. Dadurch wird eine deutlich höhere Rendite erzielt, wie das Beispiel im Unterkapitel 5.1.3 zeigt. Ebenso empfehlenswert sind die sparplanfähigen ETFs, die es Anlegern, die nur über begrenzte finanzielle Mittel verfügen, ermöglichen, einen kleinen Betrag pro Monat einzuzahlen und so einen langfristigen Vermögensaufbau gewährleisten. Welcher ETF schlussendlich gewählt wird, hängt von ab, an der Entwicklung welchem Index partizipiert werden soll. Eine breite Diversifikation ist wichtig, um Kurseinbrüche einzelner Titel abfangen zu können. Ein sehr breit aufgestellter Exchange Traded Fund ist der MSCI World Index, der bereits über die vergangenen Jahre stetig an Wert zugelegt hat.

Im nächsten großen Abschnitt gehen wir näher auf diese Anlageform ein.

Anleihen

Auch Anleihen stellen eine vergleichsweise sichere Form der Geldanlage dar. Problematisch ist momentan die Niedrig-Zins-Phase, die dieses Finanzprodukt weniger attraktiv macht. Sollte sich jedoch trotzdem für eine Anleihe entschieden werden, so sollten das Unternehmen (oder der Staat) eine gute Bewertung der Rating-Agenturen aufweisen, damit die Gefahr der Zahlungsunfähigkeit begrenzt wird. Vorteilhaft an den Anleihen ist die regelmäßige Verzinsung und der sehr geringe zeitliche Aufwand, der damit verbunden ist. Allerdings dürfen auch die Risiken nicht außer Acht gelassen werden.

Zertifikate

Die hier im Buch vorgestellten Hebel-Zertifikate sind nicht für Anfänger zu empfehlen, da das Erreichen der Knock-Out-Schwelle zu einem Totalverlust der Investition führt. Einiges an Fachwissen ist hier vonnöten, um die Tendenzen der Basiswerte einschätzen zu können. Allerdings eignen sich die Discount-, Bonus- und Garantie-Zertifikate sehr wohl auch für Einsteiger, da diese die Anleger zumindest ein Stück weit von fallenden Kursen bewahren und auch bei Seitwärts-Bewegungen der Kurse des Basiswerts Renditen erzielen können.

Weiterführende Informationen

Auf unserer Website können Sie das Buch kostenfrei als PDF sowie als Audiobuch herunterladen. Des weiteren erwarten Sie dort unsere wöchentlichen Aktien Reports sowie weitere Informationen.

VORWORT

DIESER ZWEITE TEIL DES AKTIEN für Anfänger Buches widmet sich speziell den Dividenden-Aktien und behandelt im Detail, was private Anleger im Hinblick auf diese Wertpapiere beachten müssen. Die kurze Einführung dient der Vermittlung von wichtigen Grundlagen, die für das einwandfreie Verständnis der folgenden Kapitel erforderlich sind.

Im ersten Teil dieses Buches haben Leserinnen und Leser bereits viel über die Börse und den Handel mit Aktien erfahren und wissen beispielsweise zwischen Stamm- und Vorzugs, Inhaber- und Namens- sowie zwischen Stück- und Nennwertaktien zu unterscheiden. Außerdem sind bereits einige renommierte und gewinnbringende Anlagestrategien bekannt. Sogar die Dividendenstrategie, die es ermöglicht, trotz fallender Aktienkurse dennoch Gewinn mit Aktien erzielen zu können und die hier im zweiten Teil nun umfangreicher beleuchtet wird, ist bereits bekannt.

KURZE EINFÜHRUNG

IM RAHMEN DIESES ERSTEN KAPITELS des Dividenden-Aktien Teils dieses Buches wird nun auf die Grundlagen eingegangen. Die Vorteile von Dividenden-Titel werden genau unter die Lupe genommen. Natürlich soll den Leserinnen und Lesern jedoch keinesfalls verschwiegen werden, dass Dividenden beziehungsweise Dividenden-Aktien nicht nur Vor-, sondern auch Nachteile mit sich bringen können.

In den folgenden Kapiteln werden dann die detailliert auf die wichtigsten, stets zu beachtenden Auswahlkriterien für Dividenden-Aktien eingegangen, bevor einige Dividenden Strategien vorgestellt und genau unter die Lupe genommen werden. Im letzten Kapitel werden die aktuell besten, sprich gewinnbringendsten Dividenden-Titel vorgestellt und ein abschließendes Fazit gezogen.

Im Rahmen des ersten Teils des Buches haben Leserinnen und Leser bereits gelernt, was eine Dividende ist und wie die Ausschüttung funktioniert. Nichtsdestotrotz soll hier erneut kurz und knapp darauf eingegangen werden, was Dividenden beziehungsweise Dividenden-Aktien sind.

Was ist die Dividende und was sind Dividenden-Aktien?

Viele Aktiengesellschaften (nicht alle!) schütten einen Teil des Bilanzgewinns, den das Unternehmen in einer Periode erzielt hat, an die Aktionäre aus. Dieser Teil, der an die Aktionäre ausgeschüttet wird, wird Dividende genannt und stellt somit eine Gewinnbeteiligung dar. Die Aktionäre sind es auch, die im Rahmen der jährlichen Hauptversammlung die Dividende beschließen. Allerdings kann auch auf die Dividendenausschüttung verzichtet werden, wenn dies aus betrieblichen Gründen als erforderlich angesehen wird. Die Ausschüttung erfolgt traditionell im April und Mai, kurz nach den Hauptversammlungen der Dividenden-ausschüttenden Aktiengesellschaften.

Dividenden-Aktien (auch Dividenden-Titel oder Dividenden-Werte) sind Anteile an Aktiengesellschaften. Durch diese Anteile erwerben die Aktionäre das Recht, am Gewinn beziehungsweise am Profit des Unternehmens teilzuhaben. In der Regel werden die Dividenden vierteljährlich ausgeschüttet beziehungsweise ausgezahlt.

Warum sich die Investition in Dividenden-Aktien lohnt

Hier werden nun die Vorteile von Dividenden-Aktien im Vergleich mit solchen Aktien, die keine oder nur geringe Ausschüttungen vornehmen, aufgeführt und erläutert.

Dividenden-Titel sind den Aktien, die nur geringe oder gar keine Ausschüttungen vornehmen, aus mehreren Gründen vorzuziehen. Ein wichtiger Grund ist, dass sich Dividenden-Aktien traditionell stärker entwickeln, also ein langfristiger Anstieg des Aktienkurses wahrscheinlicher ist. Doch das ist noch nicht alles, denn logischerweise profitieren die Aktionäre, die Dividenden-Aktien gekauft haben, von den Dividenden-Ausschüttungen. Die Dividendenrendite die DAX-Unternehmen im Jahr 2018 an ihre Aktionäre ausgeschüttet haben, betrugen im Durchschnitt 3 %.

Kluge Anleger investieren die ausgeschüttete Dividende direkt erneut in dieselben (Dividenden-) Titel und profitieren so in einem großen Ausmaß von dem Zinseszinseffekt. Dieser Effekt soll nun anhand eines Beispiels aufgezeigt werden:

Die nachfolgende Darstellung beinhaltet die Kapitalentwicklung einer Anlage in Dividenden-Aktien und zeigt, wie sich dieses unterschiedlich entwickelt, wenn auf der einen Seite eine Wiederanlage und auf der anderen Seite keine Wiederanlage erfolgt. Wichtig ist, dass hier von einem jährlichen, durchschnittlichen Kursgewinn von 7,0 % sowie einer jährlichen, durchschnittlichen Dividendenrendite von 3 % ausgegangen wird. Der Anlagezeitraum beträgt 30 Jahre und Steuern sowie weitere Gebühren werden nicht berücksichtigt.

Jahr	Kapitalentwicklung bei Wiederanlage d. Dividenden	Kapitalentwicklung ohne Wiederanlage d. Dividenden
0	10.000 Euro	10.000 Euro
1	11.021 Euro	11.021 Euro
10	26.437 Euro	24.107 Euro
20	69.891 Euro	51.856 Euro
21	77.027 Euro	55.807 Euro
22	84.891 Euro	60.035 Euro
23	93.558 Euro	64.558 Euro
24	103.111 Euro	69.398 Euro
25	113.638 Euro	74.577 Euro
26	125.241 Euro	80.119 Euro
27	138.028 Euro	86.048 Euro
28	152.121 Euro	92.392 Euro
29	167.652 Euro	99.181 Euro
30	184.769 Euro	106.444 Euro

An diesem Beispiel wird der Zinseszinseffekt ganz klar sichtbar. Aus einer anfänglichen Investition von 10.000 Euro (im Jahr 0) sind bei direkter Wiederanlage der Dividenden nach 10 Jahren bereits 26.437 Euro geworden, während aus den 10.000 Euro ohne Wiederanlage nur 24.107 Euro geworden sind. Nach 20 Jahren kann sich der Anleger, der die ausgeschütteten Dividenden stets direkt wieder anlegt beziehungsweise reinvestiert über insgesamt 69.891 Euro freuen, während andere, die die Dividenden nicht reinvestiert haben, lediglich über insgesamt 51.856 Euro verfügen. Doch vor allem der Blick auf das Kapital nach einem Zeitraum von 30 Jahren macht den gewaltigen Unterschied zwischen direkter Reinvestition der Dividenden in weitere Aktien und dem Einbehalten der Dividende deutlich. Der Zinseszinseffekt ist entscheidend! Nach einem Anlagezeitraum von 30 Jahren, sind bei direkter Reinvestition der Dividenden aus 10.000 Euro satte 184.769 Euro geworden, während ohne direkte Wiederanlage lediglich 106.444 Euro aus den 10.000 Euro gewachsen sind. Das geschickte Nutzen des Zinseszinseffekts hat dem findigen Anleger also 78.325 Euro mehr eingebracht. Interessant ist, dass mit den richtigen Dividenden-Aktien sogar noch mehr Gewinn erzielt werden kann.

Es lohnt sich also, gezielt nach ausschüttungsstarken Dividenden-Titeln zu suchen, um diese zu erwerben und langfristig durch den Zinseszins zu profitieren. Doch was genau sind die Vorteile von Dividenden-Zahlungen? Dies und mehr im folgenden Unterkapitel.

Die Vorteile von Dividenden-Aktien im Überblick

Nicht umsonst erfreuen sich Dividenden immer größerer Beliebtheit. Wenn es um den langfristigen Vermögensaufbau geht, bilden diese die Grundlage von vielen Strategien. Die bekannteste unter diese Strategien ist die Dividendenstrategie, die bereits im Aktien-Teil dieses Buches behandelt wurde, hier jedoch erneut aufgegriffen wird, jedoch zu einem späteren Zeitpunkt. Hier sollen nun die Vorteile von Dividenden (-Aktien) vorgestellt und erklärt werden.

Stetiges, passives Einkommen mit Dividenden

Ein großer Vorteil von Dividenden-Aktien ist, dass diese (ganz logischerweise) regelmäßig Dividenden ausschütten und den Aktionären so die Möglichkeit des Erzielens eines passiven Einkommens bieten. Die Auszahlungen werden direkt auf das Konto transferiert, ohne dass sich die Aktionäre weiter darum kümmern müssen. Wie bereits angemerkt, ist es möglich, dass die Auszahlung ein Mal pro Jahr oder aber auch halbjährlich, quartalsweise oder sogar monatlich erfolgt. Der Aktionär kann frei über die ausgezahlte Dividende verfügen, diese direkt wieder reinvestieren, das Geld ausgeben oder anderweitig verwenden. Der überaus positive Effekt des Zinseszins im Rahmen einer direkte Wiederanlage wurde bereits anhand eines Beispiels verdeutlicht. Wenn langfristig Geld angelegt werden soll, ist es mehr als nur empfehlenswert, die ausgeschüttete Dividenden zu reinvestieren.

Unabhängigkeit von Kursentwicklungen

Ein weiterer klarer Vorteil von Dividenden-Aktien ist, dass die Kursentwicklung völlig egal ist, solange der entsprechende Titel nicht verkauft wird. Steigende oder fallende Kurse lösen also auf der einen Seite keine Freundentänze oder auf der anderen Seite große Verzweiflung aus, weil die Entwicklung des Wertes der Aktie rein gar nichts mit der Auszahlung der Dividende zu tun hat. Mit anderen Worten formuliert heißt das, dass die Höhe der Dividende völlig unabhängig von dem aktuellen Kurs der Aktie ist. Allerdings ist es wichtig, zu Beginn, sprich zum Zeitpunkt des Aktienkaufes auf den Kurs zu achten. Das liegt daran, dass dieser bestimmt, wie hoch die Dividende pro investiertem Euro ausfallen wird. Es gilt, dass je niedriger der Aktienkurs, desto höher wird die Dividende ausfallen. Die Kennzahl Dividendenrendite, die ebenfalls bereits im ersten Teil dieses Buches vorgestellt wurde, ist die bekannteste und ermöglicht es, die Höhe der Dividende pro investiertem Euro zu bestimmen. Je höher die Dividendenrendite ausfällt, desto mehr passives Einkommen wird mit dem investierten Geld erzielt.

Dividenden spiegeln den Unternehmenserfolg wider

Die Leserinnen und Leser wissen bereits, dass die Kurse von Aktien stark durch die Hoffnungen und Sorgen über die Unternehmensentwicklung in der Zukunft beeinträchtigt werden. Ganz anders verhält es sich bei Dividenden, denn diese sind Entscheidungen, die innerhalb des Unternehmens getroffen werden. Die Höhe der Dividenden Ausschüttungen richtet sich also in der Regel nach dem unternehmerischen Erfolg und dem aus der unternehmerischen Tätigkeit erwirtschafteten Gewinn.

Wenn ein Unternehmen eine gute, vielversprechende Entwicklung vollzieht und somit in der Regel auch hohe Gewinne erwirtschaftet, steigt die Dividende gleichzeitig mit an. Auf diese Art und Weise haben Aktionäre, die sich für Dividenden-Aktien entscheiden, den großen Vorteil, dass frei von jeglicher Spekulation an dem Erfolg des Unternehmens partizipiert werden kann. Durch stabile Ausschüttung von Dividenden wird sichergestellt, dass Investoren dem Unternehmen treu bleiben, wodurch den Spekulanten weniger Angriffsmöglichkeiten geboten wird. Das wiederum bewirkt, dass „gute" Dividenden-Aktien in der Regel viel weniger Schwankungen unterliegen, als dass es bei solchen Aktien, die nur geringe oder überhaupt keine Dividende an die Aktionäre ausschütten, der Fall ist.

Praktisch: Die Dividende entweder in Bar oder in Aktien auszahlen lassen

Praktisch ist, dass die Möglichkeit besteht, sich die Dividenden entweder auszahlen zu lassen oder diese direkt wieder zu reinvestieren. Die Vorteile einer direkten Wiederanlage und der damit einhergehende Zinseszinseffekt wurden bereits ausführlich im Kapital 1.2 erläutert. Wenn die Dividenden wieder direkt reinvestiert werden sollen, dann sollten die Dividenden Reinvestment Programme genutzt werden, die viele Unternehmen ihren Aktionären anbieten. Diese bieten in der Regel steuerliche Vorteile, weil keine Ausschüttung, sondern eine direkte Wiederanlage erfolgt. Außerdem besteht der Vorteil, dass sich Aktionäre, die sich dazu entscheiden, direkt die Dividende in das Unternehmen zu reinvestieren, geringeren Transaktionskosten zahlen müssen. All dies läuft komplett automatisch ab.

Steigende Dividenden sorgen für Stabilität

In mehreren Untersuchungen wurde festgestellt, welchen Einfluss die Höhe der Dividenden auf den Kurs der Aktie hat. Dabei wurde ermittelt, dass die Aktien, die keine Dividenden ausschütten viel größeren Preisschwankungen unterliegen, als solche, die regelmäßig Dividenden an die Aktionäre auszahlen. Des Weiteren sind Dividenden, die über einen längeren Zeitraum stabil geblieben sind, ein klares Indiz dafür, dass es sich um ein hochwertiges, gut wirtschaftendes und schlichtweg gut funktionierendes Unternehmen mit guten Zukunftschancen handelt. Anders formuliert kann auch behauptet werden, dass stabile Dividenden-Zahlungen über einen längeren Zeitraum dafür sprechen, dass das Geschäftsmodell besser als von vergleichbaren Unternehmen ist.

Dividenden geschickt als Verkaufssignal nutzen

Anleger, die langfristig in Aktien investieren, die ihre Dividende stetig steigern konnten, können die Dividende nutzen, um für sich den optimalen Zeitpunkt zum Verkauf der Wertpapiere zu bestimmen. Wichtig ist, dass das oder die Unternehmen regelmäßig analysiert und überprüft werden sollten, um festzustellen, ob die Qualität und Stabilität immer noch dieselbe ist. Dabei helfen die Dividenden! Ein klares Indiz für ein „schwächelndes" Unternehmen, dass zuvor stets die Dividenden erhöht hatte, ist, wenn die Ausschüttung auf ein Mal reduziert wird. Eine wichtige und allgemeine Börsenregel besagt, dass Anleger die Gewinne laufen lassen und die Verluste begrenzen sollten. Eine Dividendenkürzung kann also ein wichtiges Verkaufssignal darstellen.

Die steuerlichen Vorteile durch Dividenden

Anleger, die mit Dividenden ein zusätzliches, passives Einkommen erzielen, können sich über einen Freibetrag von ungefähr 800 Euro freuen. Bis zu diesem Freibetrag fallen dementsprechend keine Steuern an. Jeder, der bei seiner Bank einen Freistellungsauftrag hinterlassen hat, bekommt alle Dividenden, die unterhalb des Freibetrags liegen, automatisch, steuerfrei und ohne jegliche Abzüge. Für Beträge, die über den Freibetrag hinausgehen, gilt, dass die Direktbanken zunächst die Abgeltungssteuer und auch den Solidaritätszuschlag einbehalten und an das Finanzamt abführen. So ist die Steuerschuld des Aktionärs, der auf Dividenden-Titel setzt, bereits beglichen.

Vorsicht ist allerdings dann geboten, zum Beispiel dann, wenn die Quellensteuer anfällt oder die Aktien verkauft werden. Hilfreich ist es, wenn nur die Aktien von Unternehmen gekauft werden, die ihren Hauptsitz in einem Land haben, dass mit der Bundesrepublik Deutschland ein Steuerabkommen abgeschlossen hat. Auf diese Art und Weise kommt nur wenig Arbeit auf den Aktionär zu, die direkt mit der Zahlung von Dividenden in Zusammenhang steht.

Die Nachteile von Dividenden-Aktien im Überblick

Die Leserinnen und Leser haben bereits die Vorteile von Dividenden beziehungsweise von Dividenden-Aktien kennengelernt. Es gibt jedoch auch einige Nachteile, über die sich die Aktionäre bewusst sein sollten. Diese werden hier nun in übersichtlicher Form aufgeführt.

Die Dividende kann jederzeit gestrichen werden!

Anders als bei Zinsen, die schließlich vertraglich fest vereinbart sind, haben die Unternehmen die Möglichkeit, die Zahlung von Dividenden zu jedem beliebigen Zeitpunkt einzustellen. Da es sich bei Dividenden um nichts anderes als eine Beteiligung am vom Unternehmen erzielten Gewinn handelt, können diese logischerweise nur dann ausgezahlt werden, wenn das Unternehmen positiv wirtschaftet und einen Gewinn erzielt. Geht es dem Unternehmen schlecht, beispielsweise aufgrund einer Wirtschafts- und Finanzkrise, so ist es durchaus möglich, dass die Dividende stark gekürzt oder sogar komplett gestrichen wird. Deshalb ist es wichtig, die Unternehmen, die Dividenden-Aktien ausgeben, genau zu analysieren und auf deren Zukunftsfähigkeit zu überprüfen.

Die doppelte Belastung des Aktienkurses

Ebenfalls als negativ zu bewerten, ist, dass Dividenden in Zeiten wirtschaftlicher Schwierigkeiten den Kurs der Aktie stark, ja sogar doppelt belasten können. Dies passiert immer dann, wenn die schwierige Situation es dem Unternehmen unmöglich macht, die Dividenden auch weiterhin auszuschütten und diese deshalb streicht. Durch die gestrichene Dividende verstärkt sich die ohnehin schon schwierige Situation des Unternehmens, weil viele Aktionäre ihre Anteile, sprich Aktien, verkaufen.

Außerdem ist an dieser Stelle zu erwähnen, dass Dividenden keinen zusätzlichen Ertrag darstellen, der dem Kursgewinn hinzuzurechnen ist. Das ist darauf zurückzuführen, dass die Dividende nach der Ausschüttung den Aktienkurs reduziert, und zwar um dieselbe Höhe der Ausschüttung. Wenn eine Aktie also beispielsweise 15 Euro wert ist und eine Dividende in Höhe von 2 Euro ausgezahlt wird, so korrigiert sich der Kurs von 15 Euro auf 13 Euro.

Wenig Kontrolle über die Ausschüttung von Dividenden

Private, kleine Anleger haben nur sehr wenig Einfluss, was die Form und Art der Dividende anbelangt. Die Anleger können zwar an der Hauptversammlung teilnehmen, ein großes, entscheidendes Gewicht haben diese dort allerdings nicht. Die Großaktionäre setzen in der Regel ihre Interessen durch und fällen alle Entscheidungen über Sonderdividenden oder solche in Form von Aktien und auch die absolute Höhe der Ausschüttungen. Privatanleger haben darauf in der Regel keinerlei Einfluss und somit keine Kontrolle. Dasselbe gilt für den Zeitpunkt und ebenfalls für die Häufigkeit der Dividendenausschüttung.

Die steuerlichen Nachteile durch Dividenden

Im Rahmen der Vorteile von Dividenen-Aktien wurde darauf eingegangen, dass für diese ein Freibetrag von etwa 800 Euro gilt. Für alle Beträge, die über den Freibetrag hinausgehen, muss in der Bundesrepublik Deutschland die Abgeltungssteuer gezahlt werden. Außerdem ist der Solidaritätszuschlag nicht zu vergessen. Ein wichtiger Tipp für Aktionäre ist, im Rahmen der sogenannten Günstigerprüfung die Kapitaleinkünfte nach dem persönlichen Einkommenssteuersatz zu versteuern. Dafür müssen die Kapitaleinkünfte aber unterhalb von 25 % liegen.

Für alle Aktionäre, die Dividenden-Titel von Unternehmen mit Hauptsitz in einem anderen Land haben, gilt, dass dort die Quellensteuer anfällt und bis zu 30 % betragen kann. Darum lohnt es sich, wie bereits aufgeführt wurde, nur solche Dividenden-Aktien zu kaufen, deren herausgebende Unternehmen ihren Sitz in Deutschland haben oder dass das betroffene Land, in dem das Unternehmen sitzt, ein diesbezügliches Steuerabkommen mit der Bundesrepublik abgeschlossen hat.

Besonders kritisch ist zu betrachten, dass es nicht möglich ist, die Einnahmen aus den Dividenden mit den Kursverlusten der Aktie zu verrechnen. Eine Aktie kostet zum Beispiel 10 Euro und wirft eine Dividende von 1 Euro ab. Auf diese 1 Euro müssen (immer dann, wenn der Freibetrag bereits überschritten wurde) Abgeltungssteuern gezahlt werden. Die 1 Euro, die als Gewinn ausgeschüttet wurden, werden direkt vom Aktienkurs subtrahiert, sodass die Aktie nach der Ausschüttung nur noch 9 Euro wert ist. Von der Dividende muss jedoch die Steuer abgezogen werden. Im Endeffekt fehlen so 25 Cent. Wenn der Kurs der Aktie dann noch zusätzlich fällt, kann sogar ein Verlust entstehen, weil die Erträge aus den Dividenden trotzdem versteuert werden müssen.

Weniger Gewinnchancen durch Dividenden

Aktionäre, die ihren Fokus einzig und allein auf Dividenden legen und solche Aktien, auf die keine oder nur geringe Dividenden gezahlt werden nicht beachten, die blicken auf ein deutlich eingeschränktes Anlageuniversum. Einzelne Kriterien für die Auswahl von Dividenden-Titeln, wie zum Beispiel die Ausschüttungs-Stabilität oder das Wachstum der Dividende, sorgen dafür das sich die Auswahlmöglichkeiten extrem reduzieren. In einzelnen Fällen, wie bei Apple oder Google, verzichten Anleger, die sich bei der Aktienauswahl nur an dem Kriterium der Dividende orientieren, auf Kursgewinne von 20 % bis 30 % jährlich.

Kurzes Fazit

Dividenden-Aktien sind vor allem für Anfänger gut geeignet. Das ist vor allem auf deren Einfachheit zu begründen. Langfristig gesehen, wie das Beispiel im Unterkapitel 1.2 gezeigt hat, lohnt es sich, die Dividende zu reinvestieren. So können, im direkten Vergleich zu einer Bar-Ausschüttung der Dividende, Steuern gespart werden. Des Weiteren profitieren Anleger, die langfristig die Dividende Reinvestieren, von dem Zinseszinseffekt. Allerdings ist es auch so, dass Anleger, die nur nach Aktien Ausschau halten, die hinsichtlich der Dividende gewisse Kriterien erfüllen, auf mögliche attraktive Kursgewinne anderer Aktien von bis zu 30 % jährlich verzichten. Natürlich ist es dafür erforderlich, sich für die richtigen Titel entschieden zu haben. Nichtsdestotrotz können Dividenden als Verkaufssignale benutzt werden und spiegeln recht zuverlässig die Stabilität des Unternehmens wider.

Zusammengefasst lässt sich an dieser Stelle also feststellen, dass Dividenden-Aktien für Neulinge an der Börse, die sich langfristig Vermögen aufbauen wollen, durchaus eine attraktive Möglichkeit bieten.

DIE AUSWAHL VON DIVIDENDEN-AKTIEN UND WORAUF DABEI ZU ACHTEN IST

• • • • • • • • • • •

INTERESSANT IST, DASS SCHON DER Investor und Theoretiker Benjamin Graham, der bereits im ersten Teil dieses Buches erwähnt wurde, sagte, dass ein Dollar, der als Dividende ausgezahlt wird, mehr wert ist, als ein Doller, der innerhalb des Unternehmens reinvestiert wird. Zurückzuführen ist diese Aussage darauf, dass ein Dollar, der als Dividende ausgeschüttet wird, weniger risikobehaftet ist, als derselbe Dollar, der als Kapitalgewinn verbucht wird. Das ist ganz logisch, denn, wenn die Dividende erst einmal an die Anleger ausgeschüttet beziehungsweise ausgezahlt ist, diese nicht mehr verloren gehen kann. Benjamin Graham ist übrigens der Begründer der Dividendenstrategie. In der Regel ist es so, dass die Unternehmen, die regelmäßig Dividenden an die Aktionäre ausschütten, fairer und höher als andere Unternehmen, die keine Dividenden-Ausschüttungen vornehmen, bewertet werden. Die jährlichen Dividenden-Zahlungen senken das Risiko für die Anleger, da die Rendite schon eingenommen beziehungsweise vereinnahmt wurde. (Das gilt natürlich nur für den Fall, dass sich die Dividende ausgezahlt wird.) In kritischen Börsenphasen ist dies eine große Hilfe, denn ist es erwiesen, dass sich dividendenstarke Aktien in Zeiten schwacher Märkte im Durchschnitt gegen andere Aktien, die keine oder nur geringe Dividenden ausschütten, behaupten. Eine langfristige Rendite ist also mit Dividenden-Aktien wahrscheinlicher, als mit Nicht-Dividenden-Titeln.

Logischerweise ist es bei der Auswahl von Dividenden-Aktien wichtig, dass nicht nur ein Blick auf die Vergangenheit geworfen wird. Das ist zwar wichtig, allerdings reicht das nicht. Anleger sollten unbedingt die Zukunftsaussichten von Unternehmen analysieren, um zu ermitteln, welche auch in den kommenden Jahren attraktive Dividenden ausschütten werden. Dafür sollte ein Blick auf die operative Entwicklung des jeweiligen Unternehmens geworfen, aber auch die festgelegte Dividenden-Politik betrachtet werden. In Kapitel 2.1 wird nun auf die Ausschüttungspolitik eingegangen, die dividendenorientierte Anleger vor einem Aktien-Kauf genau studieren sollten.

Die Ausschüttungspolitik

In der Regel verfügen alle Unternehmen, die Dividenden an die Aktionäre ausschütten, über ein bestimmtes, definiertes System beziehungsweise über eine festgelegt Ausschüttungspolitik. Aktionäre können daraus teilweise ablesen, was im Hinblick auf die Dividende erwartet werden kann.

Die stabile Ausschüttung

In der Praxis ist diese Politik der stabilen Ausschüttung die am meisten verbreitetste Form der Dividenden-Zahlung. Wichtigster Faktor bei der stabilen Ausschüttung ist, dass die Dividenden an der langfristigen, aufwärts gerichteten Gewinnentwicklung des Unternehmens orientiert, ausgezahlt werden. Stabil ist diese deshalb, weil pro Jahr entweder eine Dividende in der gleichen Höhe ausgeschüttet wird oder diese höher ist, als die vorherigen. Dabei wird sich an der Steigerung des Unternehmenserfolgs, sprich dem Gewinn, orientiert.

Vorteilhaft an dieser Form der Dividenden-Ausschüttung ist, dass die Zahlungen als äußerst verlässlich eingestuft werden. Die Dividenden, mit der die Aktionäre rechnen können, ist also mindestens genauso hoch, wie die vorherige. Das ist auch der Fall, wenn die Gewinne bedingt durch zyklische Schwankungen geringer ausfallen. Andersherum, sprich, wenn die Gewinne eines Geschäftsjahres besonders hoch sind, so wird es keine deutliche Steigerung der Dividende geben. Diese ist stabil. Für Unternehmen bringt eine stabile Ausschüttungspolitik den Vorteil mit sich, dass diese so in der Lage sind, sich langfristig betrachtet eine gute Dividendenhistorie aufzubauen. Diese wiederum stärkt das Geschäftsmodell und sorgt für Vertrauen bei den Anlegern.

Die konstante Ausschüttungsquote

Diese Form der Ausschüttung von Dividenden ist in der Praxis weniger relevant, aber dennoch in einigen Fällen vertreten und soll der Vollständigkeit halber hier nun auch betrachtet werden.

Das Unternehmen legt einen bestimmten Prozentsatz fest, nach dem im Hinblick auf den erwirtschafteten Gewinn die Dividende festgelegt wird. Beispielsweise kann eine konstante Ausschüttungsquote von 50 % festgelegt werden, wonach jährlich die Hälfte des erwirtschafteten Gewinns an die Aktionäre ausgeschüttet wird. Neben der leichten Nachvollziehbarkeit dieser Form der Dividenden-Zahlung, besteht allerdings ein gewisser Grad an Unsicherheit. Letztere ist darauf zurückzuführen, dass der Gewinn starken Schwankungen unterliegen kann. Es kommt also darauf an, wie stabil das jeweilige Unternehmen Gewinne erzielt und natürlich auch, in welcher Höhe die zukünftigen Gewinne erwartet werden.

In der Praxis wenden vor allem Unternehmen mit einer vergleichsweise höheren Gewinn-Fluktuation die Form der konstanten Ausschüttungsquote an. So werden die Schwankungen des Gewinns berücksichtigt und den Aktionären zumindest theoretisch Dividenden-Zahlungen ermöglicht. Die Form der konstanten Ausschüttungsquote ist immer dann der stabilen Ausschüttung sehr ähnlich, wenn ein Unternehmen regelmäßig steigende Gewinne verbuchen kann. Nichtsdestotrotz ist die konstante Ausschüttungspolitik volatiler als die stabile Ausschüttung. Zurückzuführen ist dies auf schwache Konjunkturphasen, in denen es nicht garantiert ist, dass die Ausschüttungen konstant gehalten werden, sondern möglicherweise für bestimmte Zeit gesenkt werden. Gleichzeitig finden allerdings in Jahren hoher Gewinne auch automatisch höhere Ausschüttungen statt, über die sich Aktionäre, die sich für die Dividenden-Aktien von Unternehmen entschieden haben, die eine stabile Ausschüttungspolitik verfolgen, nicht freuen dürfen.

Die Überausschüttung

Die Überausschüttung stellt die in der Praxis am seltensten zu beobachtende Ausschüttungspolitik dar. Es wird sich dabei an der möglichen Ausschüttungshöhe orientiert, die nach Investitionsprojekten noch für eine Dividenden-Zahlung verfügbar ist. Dafür zielt das Unternehmen zunächst auf die interne Wertschöpfung ab, sprich tätigt Wachstumsinvestitionen. Anschließend wird der verbleibende Teil des Cash-Flows an die Aktionäre ausgeschüttet. Das folgende Beispiel soll diese Form der Ausschüttung näher erläutern und verständlicher machen:

Der Gewinn eines Unternehmens beträgt beispielsweise 1.000 Euro. Der Investitionsbedarf beträgt ebenso 1.000 Euro. Die Dividende wird lediglich durch den aus dem Eigenkapital des Unternehmens finanzierten Teil der Investition gemindert. Wird letztere also zum Beispiel mit 40 % Fremdkapital, sprich durch Kredite, finanziert und zu 60 % aus Eigenkapital, so beträgt die auszuschüttende Dividende 400 Euro (1.000 Euro Gewinn abzüglich 600 Euro Eigenkapital).

Die logische Konsequenz daraus ist, dass die Dividenden über die Jahre hinweg starken Schwankungen unterliegen kann. Die Höhe der Ausschüttung ist direkt von dem Eigenkapitalanteil für Wachstumsinvestitionen abhängig. Wird also ein Investitionsprojekt zu 100 % aus dem Eigenkapital finanziert, so ist es möglich, dass die Dividende gestrichen wird, zumindest dann, wenn die Investition dem Gewinn entspricht oder darüber hinaus geht.

Einflussfaktoren auf die Ausschüttungspolitik

Aktionäre, die mit einer Dividendenstrategie (mehr zu den Strategien im nächsten Kapitel) erfolgreich sein möchten, sollten wissen, was Unternehmen in der Zukunft planen. Logischerweise ist ein Unternehmen, dass regelmäßig (steigende) Dividenden ausschüttet, nur dann attraktiv, wenn sich das in der Zukunft nicht ändert. Anleger sollten also auch die folgenden Faktoren berücksichtigen, um sich für die Aktien von einem auch in der Zukunft vielversprechenden Unternehmens zu entscheiden.

Die zukünftigen Wachstumschancen

Unternehmen, die aufgrund ihrer Marktstellung interessante Möglichkeiten haben, weiterzuwachsen, sollten diese Wachstumschancen definitiv nutzen. In der Regel gehen Wachstumschancen mit Investitionen einher, die Einfluss auf die Höhe der Dividenden-Zahlungen haben können. Zu achten ist also auf die jeweilige Branche, in der sich das analysierte Unternehmen bewegt. Auf der anderen Seite ist ein Blick auf die Positionierung des Unternehmens zu werfen und welche Chancen sich dabei für die Zukunft eröffnen. Anleger, die sich über die verschiedenen Perspektiven der betrachteten Unternehmen im Klaren sind, können die Erwartungen an die Dividenden der kommenden Jahre besser einschätzen.

Die erwarteten Schwankungen des Gewinns

Es ist meist so, dass Unternehmen, die schwankende Gewinne erzielen, dies in einer zurückhaltenden Ausschüttungspolitik äußern. Das Management eines Unternehmens ist stets dazu angehalten, ein einmal erreichtes Dividendenniveau nicht zu reduzieren, weil das als deutliches negatives Signal für die zukünftige Unternehmensentwicklung gilt. Wird sogar erwartet, dass die Gewinne in Zukunft abnehmen werden, so werden steigende Dividenden-Zahlungen äußerst unwahrscheinlich. Aber auch dieser Faktor ist in engem Zusammenhang mit der jeweiligen Branche und der Positionierung in eben dieser Branchen zu betrachten.

Die finanzielle Flexibilität

Für Unternehmen ist es wichtig, finanziell flexibel zu agieren und so auch in schwierigen Marktphasen durch Investitionen weiter konkurrenz- und überlebensfähig zu bleiben. Von der Seite der Aktionäre wird häufig gefordert, dass wenn ein Unternehmen über viele liquide Mittel (Cash) verfügt, dieses im Rahmen einer Dividende auszuzahlen. Es kann jedoch von Vorteil sein, wenn das Unternehmen in Zeiten schwachen Konjunktur weniger Dividende ausschüttet, um finanziell flexibler zu bleiben. Anleger sollten also stets die Bilanz des jeweiligen Unternehmens analysieren und mit Chancen am Markt vergleichen, um sich ein genaues Bild machen zu können.

Die Dividendenrendite

Die Dividendenrendite ermöglicht es, Dividenden-Aktien miteinander zu vergleichen. Diese wurde bereits im ersten Teil dieses Buches vorgestellt, soll hier jedoch weiter vertieft werden. Für die Berechnung der Dividendenrendite wird die zu erwartende, nominale Dividende je Aktie genommen und durch den aktuellen Kurs derselben dividiert. Die Formel zur Berechnung der Dividendenrendite lautet wie folgt:

$$\text{Dividendenrendite} = \frac{\text{Dividende}}{\text{Aktienkurs}}$$

Wichtig ist, dass diese Rechnung nur für die Anleger gilt, die im Rahmen eines Aktienkaufs bislang noch nicht in das Unternehmen investiert haben. Wer bereits Aktien besitzt, der sollte für die Berechnung nicht den aktuellen Aktienkurs, sondern den Kaufkurs heranziehen, um die persönliche Dividendenrendite ermitteln zu können. Das nachfolgend aufgeführte Beispiel soll dies veranschaulichen:

Liegt der aktuelle Aktienkurs beispielsweise bei 50 Euro und es wird auf der Hauptversammlung des Unternehmens entschieden, pro Aktie eine Dividende von 0,65 Euro auszuschütten, so beträgt die Dividendenrendite:

$$\text{Dividendenrendite} = \frac{0{,}65\text{Euro}}{50\text{Euro}} = 1{,}30\%$$

Ein Aktionär, der dieselbe Aktie vor einiger Zeit zu dem Kurs von 30 Euro erworben hat, blickt auf die folgende Dividendenrendite:

$$\text{Dividendenrendite} = \frac{0{,}65\text{Euro}}{30\text{Euro}} = 2{,}17\%$$

Allerdings ist nicht nur die Höhe der Dividendenrendite ausschlaggebend, sondern auch die Geschäftsentwicklung auf deren Basis die Ausschüttungen erfolgen. Zu betrachten ist das Dividendenwachstum, allerdings auch unter dem Gesichtspunkt, dass die Dividendenrendite bei fallenden Kursen ansteigt, was mit Blick auf die Formel völlig logisch und nachvollziehbar ist. Das Beispiel über die Tücken bei der Berechnung der Dividendenrendite im ersten Teil des Buches stellt dies eindrucksvoll unter Beweis.

Wichtig ist, dass die Leserinnen und Leser auf diesem Unterkapitel mitnehmen, dass die Dividendenrendite dazu genutzt werden kann, um vor dem Kauf von Dividenden-Titeln festzustellen, welcher der vermeintlich dividendenstärkste ist. Im Rahmen einer langfristigen Analyse sollte allerdings auch die Ausschüttungspolitik und die Einflussfaktoren auf dieselbe genau unter die Lupe genommen werden. Wenn die Ausschüttung von Dividenden auf Kosten neuer Unternehmenschance gehen, weil schlichtweg zu wenig in Wachstum investiert wird, sollten dies mit äußerster Vorsicht verfolgt und betrachtet werden. Ein Blick, der sich nur auf die Dividendenrendite richtet, sollte unbedingt vermieden werden. Zusätzlich zu der Betrachtung der Ausschüttungspolitik und deren Einflussfaktoren sowie der direkte Unternehmensvergleich anhand der Kennzahl Dividendenrendite, ist es dringend zu empfehlen, auch das Dividendenwachstum zu betrachten.

Das Dividendenwachstum

Das Dividendenwachstum beziehungsweise die Dividendenhistorie gibt den Aktionären Aufschluss über die Verlässlichkeit des jeweiligen Unternehmens. Es ist schlichtweg wahrscheinlicher, dass Unternehmen, die über 15, 20 oder gar 30 Jahre stetig steigende Dividenden gezahlt haben, dies auch in Zukunft tun werden. Die Kriterien, die dafür betrachtet werden sollten, sind zum einen, ob das Unternehmen in der Lage war, die Dividenden über die Jahre zu steigern? Zum Anderen ist es sinnvoll, zu überprüfen, wie sich die Dividende in ertragsschwachen Perioden entwickelt hat. Gute, nachhaltige Dividenden-Aktien schütten auch in schwachen Jahren mit sinkenden Gewinnen, zumindest für eine gewisse Zeit eine Dividende aus, die mindestens die Höhe der Dividenden aus dem Vorjahr beträgt. Zu betrachten sind also die Anhebungen, Senkungen sowie die Ausfälle der Dividenden-Zahlungen über die vergangenen Jahre.

Weitere, zu berücksichtigende Kennzahlen

Den Leserinnen und Lesern ist bereits klar, dass weitere Faktoren zu berücksichtigen sind, die teilweise schon weiter oben erwähnt wurden. Wichtig ist, dass genau überprüft und analysiert wird, ob die Dividende auch tatsächlich aus dem, aus der unternehmerischen Tätigkeit erwirtschafteten, Cash-Flow gezahlt wird und zur selben Zeit noch genügend finanzielle Mittel für wichtige Investitionen zur Verfügung stehen.

Außerdem sollten Kennzahlen wie der Umsatz- sowie das Gewinnwachstum betrachtet werden. Auch die Eigenkapitalquote und die Gewinnmarge sind in eine umfangreiche Betrachtung miteinzubeziehen.

DIVIDENDENSTRATEGIEN - WAS GILT ES ZU BEACHTEN?

• • • • • • • • • • •

UNTER EINER DIVIDENDENSTRATEGIE WIRD DIE Form der Geldanlage in Aktien verstanden, bei der die Anleger der Strategie nachgehen, gezielt in die Wertpapiere der Unternehmen zu investieren, die eine hohe Dividendenrendite aufweisen. Das Ziel ist, dass diese Aktien neben den Kursgewinnen auch hohe Dividendenerträge erzielen. Dahinter steht die grundsätzliche Idee, wie bereits im Detail erläutert wurde, dass hohe Dividenden ein Qualitätsmerkmal für Aktien darstellen. Die Ausschüttung einer hohen Dividende gilt als Zeichen für eine gute Entwicklung des Unternehmens und garantiert das Fortbestehen desselben. So argumentieren zumindest die Befürworter von Dividendenstrategien.

Anleger, die eine Dividendenstrategie verfolgen, haben ein paar Gemeinsamkeiten. Regelmäßig legen diese Anleger einen Teil ihrer Einkünfte zur Seite und investieren eben diesen dann in Dividenden-Titel. Die erzielten Dividenden werden dann direkt wieder reinvestiert, um von dem Zinseszinseffekt zu profitieren. Jahr für Jahr freuen sich die Aktionäre über wachsende Dividenden, da Unternehmen diese in der Regel im Laufe der Zeit anheben (natürlich ist letzteres nicht in Stein gemeißelt). Die Dividenden-Zahlungen wachsen an und nach X Jahren verfügt der Aktionär über regelmäßige (passive!) Einkünfte, mit denen er seinen Lebensunterhalt bestreiten kann. Das Ziel der Anleger ist, sich auf diese Weise eine Art Pension zu sichern, also mehr Einkommen aus den Dividenden zu erzielen, als für deren Lebensstil erforderlich ist.

Der Unterschied zwischen Dividendenstrategien

Dividendenstrategien unterscheiden sich im Hinblick auf die Auswahl der Aktien, beziehungsweise hinsichtlich des Filters oder auch der Kriterien, die dabei eine entscheidende Rolle spielen. Zu nennen sind an dieser Stelle die folgenden Unterschiede:

Der Auswahlprozess der Dividenden-Aktien

Der Auswahlprozess von Dividenden-Aktien kann nach rein quantitativen oder aber auch nach rein qualitativen Kriterien vorgenommen werden. Natürlich ist auch eine Mischung von quantitativen und qualitativen Kriterien möglich. Jeder Anleger wählt die Aktien für sein Dividenden Portfolio schließlich selber aus und kann dabei vorgehen, wie er möchte.

Die Haltedauer

Auch die Haltedauer der Dividenden-Titel kann, je nach spezifischer Strategie, abweichen. Einige Anleger entscheiden sich dazu, die Wertpapiere mit attraktiven Dividenden für immer zu behalten, während andere ihr Portfolio in regelmäßigen Zeitabständen überarbeiten und einige Wertpapiere durch andere ersetzen.

Die Diversifikation des Portfolios

Es gibt Anleger, die ausschließlich auf die Dividenden-Titel von sehr stabilen Unternehmen setzen. Andere wiederum diversifizieren mehr und bauen sich ein buntes Portfolio aus Blue Chips und Midcaps aus verschiedenen Ländern und Regionen.

Das Intervall für den Kauf von Dividenden-Aktien

Dividenden-Aktien können monatlich im Rahmen eines stetigen Vermögensaufbaus gekauft werden. Natürlich ist es auch möglich, mehr Geld über einen längeren anzusparen und dieses dann auf einen Schlag in die entsprechenden, dividendenstarken Wertpapiere zu investieren.

Zu vermeidende Fehler bei der Umsetzung einer Dividendenstrategie

Wenn eine Dividendenstrategie nicht optimal umgesetzt wird, kann dies dazu führen, dass sich das Portfoliorisiko vergrößert und des Weiteren hohe Transaktionskosten entstehen, die schlussendlich die Gewinne schmälern. Das Portfoliorisiko bezeichnet das verbleibende Risiko, das trotz Diversifikation in einem (Aktien-) Portfolio besteht.

Das geschieht, wenn Anleger lediglich die Dividendenrendite bei der Auswahl der Aktien aus einem Index berücksichtigen und weitere wichtige Kriterien außen vor lassen. Wenn die Auswahl besonders branchenlastig ist, also die Aktien mehrerer Unternehmen aus derselben Branche gewählt werden, dann ist das Portfolio nicht ausreichend diversifiziert.

Außerdem sollte darauf verzichtet werden, Aktien aus exotischen und allgemein aus zu vielen Ländern gleichzeitig in das Portfolio aufzunehmen. Dadurch steigen Transaktionskosten stark an und des Weiteren können sich steuerliche Nachteile für die Anleger ergeben.

Um diese Problematik zu umgehen, können ganz einfach Maximalanteile für Aktien aus derselben Branche festgelegt werden, um so für die erforderliche Diversifizierung zu sorgen. Besteht das Portfolio auch aus internationalen Titeln, so sollte nach Ländern und Regionen diversifiziert und ebenfalls ein Maximalanteil festgelegt werden.

Die Renditen der Vergangenheit

Es ist nicht möglich, pauschale Angaben zu den Renditen, die mit Dividendenstrategien in der Vergangenheit erzielt werden konnten. Nichtsdestotrotz lässt sich feststellen, dass der Großteil der Dividendenstrategien aus einem Portfolio, dass aus internationalen Blue Chips und / oder aus Midcap Aktien besteht. Die Performance dieser Aktien steht in engem Zusammenhang mit der weltweiten Entwicklung der Aktienmärkte. Insgesamt lässt sich dementsprechend eine positive Wertentwicklung verzeichnen.

Zusammengefasst bedeutet das, dass die Aktien, die aufgrund hoher Dividenden-Zahlungen für die Umsetzung der Dividendenstrategie infrage kommen, in der Vergangenheit insgesamt Rendite erzielt haben.

DIE UMSETZUNG EINER DIVIDENDENSTRATEGIE

• • • • • • • • • • •

IM RAHMEN DIESES KAPITELS WIRD nun die Umsetzung einer Dividendenstrategie aufgezeigt. Nach der Lektüre sind Leserinnen und Leser selbst in der Lage, diese anzuwenden. Die hier vorgestellte Dividendenstrategie stellt keine Erfolgsgarantie dar. Der Autor sowie der Verlag übernehmen keinerlei Haftung für etwaige finanzielle Verluste.

Diese Strategie basiert darauf, dass nicht nur die Höhe der Dividenden-Zahlungen und die Dividendenrendite beachtet werden, sondern der Fokus auf kontinuierliche Zahlungen und die schrittweise Erhöhung der Dividende gelegt wird. Die Dividendenhistorie von Unternehmen hilft dabei, sich einen Eindruck über die Stärke des Unternehmens zu machen. Solche Unternehmen, die schon viele Jahre am Stück eine steigende Dividende zahlen, werden dies vermutlich auch in der Zukunft tun, um den Wert der Unternehmung stetig zu steigern. Zu simpel und wenig zielführend wäre es, wenn es sich Anleger bequem machen, sich ausschließlich an der Dividendenhistorie orientieren und die jeweiligen Aktien, die über einen bestimmten Zeitraum ihre Dividenden steigern konnten, kaufen. Attraktiv anmutende Dividendenrenditen nützen nur sehr wenig, wenn es gleichzeitig zu starken Kurseinbrüchen kommt. Im Rahmen der Dividendenstrategie, die hier vorgestellt wird, wird Wert darauf gelegt, dass die Aktien, die gekauft werden, nicht überbewertet sind. Die Unternehmen werden auf wichtige wirtschaftliche beziehungsweise auf Erfolgskennzahlen überprüft, um sicherzustellen, dass deren Fortbestand und die Ausschüttung von Dividenden gesichert ist. Es handelt sich grundsätzlich um eine Kaufen-und-Halten Strategie, allerdings mit einigen Ausnahmen, die weiter unten aufgeführt werden. Die bei Anwendung dieser Dividendenstrategie zu erwartende Rendite (aus Dividenden-Zahlungen und Kursgewinnen) beträgt zwischen 4,5 % und 10 % jährlich und nach dem Abzug von Steuern.

Zunächst werden in diesem Kapitel die Kaufkriterien beziehungsweise die Filter für die Auswahl von Dividenden-Titeln definiert. Wichtig ist, dass den Leserinnen und Lesern klar ist, dass diese Kriterien beliebig geändert werden können, um sich eine eigene, individuelle Dividendenstrategie zusammenzustellen.

Die Kriterien

Alle Dividenden-Aktien, die in das Portfolio aufgenommen werden, müssen die folgenden Kriterien erfüllen. Wichtig sind an dieser Stelle die Gewinne, die Profitabilität sowie die Sicherheit und die durchschnittlichen Dividenden-Zahlungen der letzten Jahre zu überprüfen.

Die Kaufkriterien

Die Kaufkriterien, die hier vorgestellt und behandelt werden, sind allesamt quantitativer Natur.

Die Gewinne

In das Dividenden-Aktien Portfolio werden nur die Titel aufgenommen, die in den vergangenen 10 Jahren maximal zwei Gewinneinbrüche erlitten haben. Außerdem dürfen diese (maximal zwei) Gewinneinbrüche nicht mehr als 15 % zum Niveau des Vorjahres betragen. Ein weiteres Kriterium, bezogen auf die Gewinne, ist, dass sich diese innerhalb der vergangenen 10 Jahre verdoppelt haben. Dafür wird der Drei-Jahresdurchschnitt genutzt. Das letzte auf den Gewinn bezogene Kriterium besteht darin, dass in den letzten 10 Jahren immer ein Gewinn erzielt werden musste. Aktien, die in den vergangenen 10 Jahre Verluste gemacht haben, werden dementsprechend nicht in das Portfolio aufgenommen.

Diese Kriterien stellen sicher, dass sich die Gewinne des Unternehmens in den vergangenen Jahren nicht nur stabil entwickelt haben, sondern tatsächlich stark gestiegen sind. Werte aus der Vergangenheit sind keine 100 prozentige Garantie, dass die zukünftige Entwicklung gleich oder ähnlich verlaufen wird. Nichtsdestotrotz erlauben es die Gewinne der Vergangenheit, darauf zu spekulieren, dass das Unternehmen auch weiterhin gut wirtschaften wird.

Die Profitabilität

Auch die Profitabilität von Unternehmen, deren (Dividenden-) Aktien für das Portfolio infrage kommen, werden überprüft. Wichtiges Kriterium ist, dass die durchschnittliche Eigenkapitalrendite über einen Zeitraum von 3 aufeinander folgenden Jahren größer als 20 % ist. Ebenfalls wird die durchschnittliche Umsatzrendite der vergangenen 3 untersucht. Diese muss größer als 8 % sein. Außerdem werden nur die Titel ausgewählt, die eine Cash-Flow Marge von über 10 % aufweisen.

Die Sicherheit

Der Verschuldungsgrad der Unternehmen, deren Aktien für das Dividenden-Titel Portfolio infrage kommen, sollte nicht mehr als 50 % betragen. Alternativ werden die Aktien aufgenommen, die eine dynamische Verschuldung von weniger als 5 Jahren aufweisen können.

Diese „Sicherheits-" Kriterien stellen sicher, dass das Unternehmen zu einem ausreichenden Teil aus Eigenkapital finanziert ist und seine Fremdverbindlichkeiten (zum Beispiel Kredite bei Banken) begleichen kann und somit nicht in Zahlungsschwierigkeiten geraten kann, wodurch der Fortbestand des Unternehmens gesichert ist.

Die durchschnittlichen Dividenden-Zahlungen

Natürlich spielen die Dividenden-Zahlungen eine überaus wichtige Rolle, schließlich geht es um den Aufbau eines Portfolios aus dividendenstarken Aktien. Es wird also überprüft, welche Aktien die Dividenden-Ausschüttung innerhalb der letzten 10 Jahre nicht gekürzt oder sogar ganz ausgesetzt haben. Anders formuliert, wird das Dividendenwachstum betrachtet. Ebenfalls sollten die durchschnittlichen Dividenden-Zahlungen der letzten 5 Jahre höchstens 60 % des Jahresüberschusses beziehungsweise des Gewinns betragen. Schlussendlich wird selbstverständlich auch die Dividendenrendite zurate gezogen und überprüft, ob diese bei der letzten Dividenden-Ausschüttung mindestens 2,4 % betrug.

Die Bewertungskriterien

Im Hinblick auf die Bewertung wird der Kurs der Dividenden-Aktien, die zur Wahl stehen, genau analysiert.

Der Aktienkurs

Der Kurs der Aktien sollte sich unterhalb des 18-fachen durchschnittlichen Jahresgewinn der letzten 3 Jahre befinden.

Das Kurs-Gewinn-Verhältnis

Das Kurs-Gewinn-Verhältnis (KGV) der letzten 3 Jahre sollte unterhalb des KGV der vergangenen 10 Jahre liegen.

Die Anwendung dieser Bewertungskriterien stellt sicher, dass die Dividenden-Aktien zum Zeitpunkt des Kaufs nicht zu stark überbewertet und somit teuer sind. Bereits im ersten Teil dieses Buches wurde ausführlich auf die Berechnung des KGV eingegangen, die, um Wiederholung zu vermeiden, an dieser Stelle nicht erneut erläutert werden soll. Auch bei dem Aktienkurs und dem Kurs-Gewinn-Verhältnis handelt es sich um quantitative Kriterien. Wichtig – und das wurde im Rahmen dieses zweiten Teils bereits erwähnt – ist, dass jedoch auch qualitative Kriterien hinzugezogen werden, um die richtigen Dividenden-Titel wählen zu können.

Das Geschäftsmodell

Das Geschäftsmodell stellt ein qualitatives Kriterium dar. Es muss einerseits ermittelt werden, ob das Geschäftsmodell des betrachteten Unternehmens leicht verständlich und nachvollziehbar ist. Es folgt eine eigene Einschätzung über die Zukunftsfähigkeit der unternehmerischen Tätigkeit und ob dieses ein Alleinstellungsmerkmal hat, das es der Konkurrenz erschwert, ähnlich erfolgreich zu sein. Das Alleinstellungsmerkmal kann sich auf vieles beziehen. Beispiele sind eine starke Marke, exklusives Wissen und Patente, das Innehaben der Preisführerschaft oder gar einer Mono- oder Oligopolstellung.

Die Aktien Nachkäufe

Um von Zinseszins zu profitieren, werden die Dividenden-Zahlungen dazu genutzt, um direkt bei dem jeweiligen Unternehmen weitere Wertpapiere einzukaufen. Außerdem sollte in Zeiten von starken Kurseinbrüchen nachgekauft werden, weil die Aktien günstig zu erwerben sind. Allerdings ist es wichtig, dass die weiter oben aufgeführten (Kauf- und Bewertungs-) Kriterien erfüllt sowie die Aussichten für die Zukunft immer noch positiv sind.

Die Diversifikation des Portfolios

Ziel dieser Dividendenstrategie ist es, ein Portfolio von 15 bis 35 Dividenden-Titeln aufzubauen. Im Hinblick auf die Diversifikation ist es wichtig, dass Aktien aus verschiedenen Branchen und (nicht exotischen) Ländern enthalten sind, um nicht die Fehler zu begehen, die schon beschrieben wurden.

Übersicht – Checkliste mit allen Kriterien zum Kauf

- Höchstens zwei Gewinneinbrüche innerhalb der letzten 10 Jahre, die jeweils nicht mehr als 15 % zum Vorjahres-Niveau betrugen
- Keinerlei Verluste innerhalb der vergangenen 10 Jahre
- Verdopplung der Gewinne in den letzten 10 Jahren im jeweiligen Drei-Jahresdurchschnitt
- Durchschnittliche Eigenkapitalrendite von über 20 % innerhalb der letzten 3 Jahre
- Durchschnittliche Umsatzrendite von über 8 % innerhalb der letzten 3 Jahre
- Cash-Flow Marge über 10 %
- Verschuldungsgrad von unter 50 % oder dynamische Verschuldung unter 5 Jahre
- Die durchschnittliche Dividendenzahlung der vergangenen 5 Jahre beträgt höchstens 60 % des Gewinns
- Keine Dividenden Kürzungen innerhalb der vergangenen 10 Jahres
- Dividendenrendite aus letzter Zahlung beträgt mindestens 2,4 %
- Der Aktienkurs liegt zum Zeitpunkt des Kaufs unterhalb des 18-fachen durchschnittlichen Gewinns der letzten 3 Jahre
- Das durchschnittliche Kurs-Gewinn-Verhältnis der letzten 3 Jahre liegt unter dem durchschnittlichen Kurs-Gewinn-Verhältnis der letzten 10 Jahre
- Ist das Geschäftsmodell leicht zu verstehen und nachzuvollziehen?
- Laut meiner eigenen Einschätzung: Hat das Geschäftsmodell Zukunft?
- Hat der Unternehmen beziehungsweise das Geschäftsmodell starke Alleinstellungsmerkmale, wie beispielsweise eine starke Marke oder die Preisführerschaft?

Die Verkaufskriterien

Wie bereits erwähnt, handelt es sich um eine Kaufen-und-Halten Strategie. Die Dividenden-Aktien werden also ein Mal gekauft und dann für immer gehalten. Trotzdem gibt es hier ein paar Ausnahmen. Sobald die Dividende einer Aktie entweder gekürzt oder sogar ganz gestrichen wird, folgt der Verkauf dieses Wertpapiers. Das gleiche gilt, wenn das Unternehmen von einem anderen aufgekauft oder zerschlagen wird. Außerdem darf eine Aktie nicht mehr als einen Anteil von 22,5 % an dem gesamten Portfolio ausmachen, um stets ausreichend zu diversifizieren. Kommt es dazu, dass der Anteil von 22,5 % überschritten wird, so wird die entsprechende Aktie verkauft.

Übersicht – Checkliste mit allen Kriterien zum Verkauf

- Verkauf der Aktie, wenn die Dividende entweder gekürzt oder ganz gestrichen wird

- Verkauf der Aktie, wenn Unternehmen zerschlagen oder von einem anderen übernommen wird
- Verkauf der Aktie, wenn diese einen Anteil im Portfolio von 22,5 % überschreitet

Weiteres zu Dividendenstrategien

Bei der hier vorgestellten Dividendenstrategie handelt es sich um eine Kaufen-und-Halten Strategie, die nur dann angepasst wird, wenn die unter 4.4 aufgeführten Punkte einen Verkauf der betroffenen Aktie nahelegen. Es ist jedoch auch möglich, nicht nach dem Grundsatz des Kaufen-und-Haltens vorzugehen, sondern das Portfolio regelmäßig anpassen. Grundsätzlich hat jeder Anleger die absolute Freiheit und kann so vergehen, wie er oder sie möchte.

Besonders wichtig ist, dass die Dividenden-Zahlungen nicht mit Zinszahlungen, beispielsweise auf das Festgeldkonto, zu vergleichen sind. Bei Zinszahlungen handelt es sich um vertraglich geregelte, regelmäßige Zahlungen. Ganz anders ist dies bei den Dividenden-Ausschüttungen, wie Leserinnen und Leser bereits erfahren haben. Die Ausschüttung von Dividenden ist völlig freiwillig und kann von dem Unternehmen jeder Zeit reduziert oder gestrichen werden. Zum Beispiel bei Anleihen ist dies anders, denn die (Zins-) Zahlungen müssen bezahlt werden.

Die aktuell attraktivsten Dividenden-Titel (Stand: März 2019)

Im Rahmen dieses Unterkapitels soll nun aufgeführt werden, welche Aktien aus dem Deutschen Aktien Index (DAX) im Jahr 2019 für Anleger, die sich ein Portfolio aus Dividenden-Titeln zusammenstellen möchten, interessant sind. Experten und Analysten schätzen, dass alle im DAX gelisteten Unternehmen im Jahr 2019 eine Dividende ausschütten werden. Es wird sogar geschätzt, dass 24 der 30 im DAX vertretenen Unternehmen sogar eine Erhöhung der Dividende durchführen werden.

Somit lohnt es sich, die Unternehmen aus dem Deutschen Aktien Index genauer unter die Lupe zu nehmen und auf die vorgestellten Kaufkriterien zu untersuchen. Wichtig ist jedoch auch nach Ländern zu differenzieren und nicht nur Werte aus dem DAX in das Dividenden-Portfolio aufzunehmen. Es lohnt sich, die Aktie der US-amerikanischen Großbank JP Morgan Chase und die des Unternehmens Johnson & Johnson genau zu betrachten. Beide Unternehmen sind überaus interessant und boten in den letzten Jahrzehnten attraktive, steigende Dividenden. Nach der Finanzkrise sah sich JP Morgan Chase allerdings gezwungen, die Dividende stark zu reduzieren, diese hat jedoch wieder einen interessanten Wert erreicht.

Ebenso interessant ist die Aktie von Unilever, einem der größten Konsumgüterkonzerne der Welt, die neben vergleichsweise hohen und stetig steigende Dividenden auch attraktive Kursgewinne verzeichnet.

Weiterführende Informationen

Auf unserer Website können Sie das Buch kostenfrei als PDF sowie als Audiobuch herunterladen. Des weiteren erwarten Sie dort unsere wöchentlichen Aktien Reports sowie weitere Informationen.

ABSCHLIESSENDE WORTE ZU DIVIDENDEN-AKTIEN

• • • • • • • • • • •

AN DIESER STELLE SOLL NUN abschließend erneut darauf hingewiesen werden, dass die hier im Rahmen dieses Buches vorgestellten (Dividenden-) Strategien keinen Erfolgsgarant darstellen. Nichtsdestotrotz können die Leserinnen und Leser die hier im Buch vorgestellten Inhalte nutzen, um gewinnbringend mit Dividenden-Titeln zu handeln.

Wichtig ist, dass hohe Dividendenrenditen alleine nicht ausreichen, um Aktionäre von Verlusten zu schützen. Deshalb ist es bei der Wahl der Dividenden-Aktien von entscheidender Bedeutung, dass auch andere Kriterien beziehungsweise Filter, wie die zukünftigen Wachstumschancen und die finanzielle Stabilität der Unternehmen, die die dividendenstarken Wertpapiere ausgeben, angewandt und genutzt werden. Feststellen lässt sich, dass Dividenden-Aktien im Allgemeinen stabiler sind, als andere und deshalb bieten diese eine interessante Möglichkeit, die Anleger im Rahmen eines langfristigen Vermögensaufbaus nutzen sollten.

WEITERE BÜCHER VON CHERRY FINANCE

Nutzen Sie diese Bücher um Ihr Fachwissen zu vertiefen und erfolgreich Ihr Geld zu vermehren.

All unsere genannten Bücher können Sie als Audible Neukunde kostenfrei hören.
Unter:

https://cherryfinance.de/audiobuch

können Sie sich ein kostenfreies Buch Ihrer Wahl aussuchen und sofort auf Ihrem PC, Ihrem Smartphone oder Tablet in voller Länge anhören!

Der nachhaltige Vermögensaufbau in Real Estate Investments Trusts (REITs) eignet sich für all die Privatanleger, die einen Teil ihres Ersparten gewinnbringend in Immobilien anlegen und sich somit ein passives Einkommen und ein zweites Standbein aufbauen möchten. Der Autor Friedrich Vester erläutert auf 322 Seiten, was bei einem Investment in REITs beachtet werden sollte und wie ein individuelles REIT-Portfolio aufgebaut wird.

Stefan Bleikolm führt in diesem zweiten Teil des Buches Aktienhandel für Anfänger Einsteiger in das Thema Daytrading ein, zeigt die wichtigsten Grundlagen, die unbedingt gekannt werden sollten, bevor mit dem Trading gestartet wird und veranschaulicht detailliert, wie Charts analysiert und interpretiert werden. Außerdem lernen die Leserinnen und Leser auf den 200 Seiten die Trendfolge-Strategie kennen und wissen, wie richtig auf Kursschwankungen reagiert wird.

Zugangscode - Kostenfreies e-Book

Gehen Sie auf https://link.cherrymedia.de/EPUB und geben Sie Ihren Zugangscode ein um Ihr kostenfreies e-Book herunterzuladen.

F3FD-9D19-PD19

Made in the USA
Monee, IL
19 October 2026

66036571R00089